バス釣りが
ある日突然上手くなる

青木大介

つり人社

前書き

今、巷にはバスの情報があふれています。雑誌に書籍、インターネット、さまざまな動画。セミナーやガイドサービスで著名なバスプロから直に話を聞ける機会も多いですね。これらの情報はあなたのバス釣りライフを華やかに彩ってくれる一方で、ときにはどうしても情報過多になってしまいがちです。

それでも流行だけに振り回されることなく、基本を忠実に守って、堅実な釣りをしてきたバサーも大勢いると思います。

私は、そんな方たちに向けて本書を書きました。次のようなことをずっと心の中で問いかけながら。

「ここから先は、釣りの基本や定説にとらわれることなく、もっと考えて釣りをしてほしい。たとえハリ一つにしても、それを選んだ理由を！」

情報とは、どれだけかき集めてみても、突き詰めれば他人の知恵に過ぎません。それは、ある程度のところまでは道案内をしてくれます。なかには即効性のあるものもあるし、楽しい思いもさせてくれるでしょう。最新情報どおりにやったら入れ食いだったとか、人気ポイントで爆釣した、などなど。しかし、それではいつまでたっても他人の知恵をなぞるだけの釣りで終わってしまいます。また、人によっては、これで自分の「釣力」もアップした！と思いがちですが、それは違うよ……ということを私は言いたいのです。

そこで、「それじゃあつまらない」と感じるか、「う〜ん大変そう」と思うかどうかが、脱・自称中級の境目だと私は思います。

はじめはどんなに些細に思えること、細部からでもよいのです。何事も自分の頭で考え、実践してみて、結果をさらに考える。その積み重ねがあなたの本当の知恵となります。それだけがあなたの経験値を高め、釣りの技術を向上させてくれる源になるのです。そのどこかで、「面白い！」と感じる瞬間が訪れたらしめたもの。そのときあなたは自分が新しい地平線に立ってバス釣りをしていることを発見するでしょう。リアル中級者の入り口にたどり着いたあなたは、タフな日でも自分なりの釣りをして、ブレることなく正解へ近づいていくことができるようになっているはずです。

本書には、そんな自分で考える釣りの知恵につながるヒントを散りばめてあります。その内容をただなぞるのではなく、自分の釣りに「生かして」みてください。必ず、得られる何かがあるはずです。

目次

壱ノ扉　知らなきゃ大損！テクニック以前の超常識

弐ノ扉　それでいいのか？　タックル大検証

参ノ扉　釣果アップを促進する7キーワード

カバー装丁　日創
イラスト　廣田雅之

四ノ扉　「自称中級」が落ちる穴

伍ノ扉　まだある!明日へのヒント

壱ノ扉

知らなきゃ大損！
テクニック以前の超常識

バスはどこにいるのか

日本でおもにノーザンラージマウス種を差す「ブラックバス」という魚は、淡水魚であり、湖沼や河川などに広く生息することができます。また、一部の河川では、海から入り込んだ海水と淡水が混ざり合う汽水域にも生息しています（日本の河川の多くには潮止め水門がありますので、それよりも下流にバスが生息しているケースがあるということです）。しかし、塩分濃度が高い汽水域にバスは住むことができません。そして、多少の塩分濃度には適応しますが、そうした水域は個体数が少なく、バスにとって決してよい環境とは言えません。

それでは、バスは湖や川などのどういった場所にいるのでしょう。

バスフィッシングを行なううえで、無数に存在するルアーのセレクト作業は非常に重要ですが、どんなにベストなルアーを選んでも、ねらっているスポットにバスがいなければ決して釣れることはありません。

つまり、最初にすべきことは「場所選び」であり、そのためにはバスの習性を知る必要があります。当たり前ですが、バスは魚食性であること。そして、障害物や地形変化、水生植物などに身を寄せる、いわゆる「物につく」のも大きな特徴です。

では、どんな「物」をねらえばいいのでしょうか。それは単純に、釣り場で「目につく（目立つ）物」です。

私はトーナメントや取材で、初めて訪れるフィールドで短時間で結果を求められる状況を多く経験しています。その際、手掛かりを得るためにフル活用するのが自分の目。目立つ、大きな物ほど、バスがついている可能性が高いからです。

単純かつ釣果に繋がりやすいのは、そのフィールドを見渡して「最大・最長の物」を探し、そこから釣り始めること。そういう物には100％と言っていいほどバスがついています。私の経験上、絶対と言いきってしまってもかまいません。

では、そこからどう釣りを展開したらいいのでしょうか。それには「季節的要素」を踏まえることが大切です。

夏を例にすると、バスは少しでも水温が低い、涼しい場所を求めています。「涼」を満たしてくれる要素といえば、「シェード（日陰）」。それを形成するのは、桟橋、大岩、マットカバー etc.。そして「流れ」が利くのは、インレット、水通しのいい岬状に張り出した地形など。また、単純に水温の低さでいえば、すぐに茹《ゆ》だってしまうシャローよりも、水温が安定しているディープレンジが有望になってもきます。

さらにもう一段階、場所を絞る要素として注目すべきなのが「ベイトフィッシュ」であり、「バスの捕食の助けとなる条件」です。

一例を挙げれば、ベイトフィッシュが群れる、水質がクリアなエリアの一角に生じた濁り。バスはその濁りのカーテンの中に身を潜めて捕食の機会を窺《うかが》っているはずです。また、マッディーウォーターに流れ込む澄んだ水はベイトフィッシュを集めるため、そこに見えバスがいなくてもスルーしてはいけません。バスは本来の濁った水に隠れていることが考えられます。

場所選びは釣りの永遠のテーマです。それだけ難しい作業ということなのですが、考え方を難しくする必要はありません。いろいろな要素を一度に考えるのではなく、ひとつひとつ順を追ってプラス要素が多いエリアを詰めていきましょう。以降の項では、それらの詳細について触れます。

ルアーで釣りやすいバスと釣りにくいバス

「ルアーで釣れるバス」とはいったいどんな状態のバスなのでしょうか。もっとも簡単なのは？　逆に難しいのは？　ここではそんな、ルアーで釣りやすい、釣りにくいといったバスの状態について、ちょっと突っ込んだ話を書いてみようと思います。

まず、ルアーとは魚を騙すための道具だと私は考えます。しかしそこには、エサにどれだけ近づけられるかといったエサ釣り的な考えはまったくありません。もちろん、「マッチ・ザ・ベイト」という言葉があるように、バスがそのとき捕食しているベイトフィッシュにルアーをマッチさせることは大切ですが、ルアーはあくまでルアーであり、突き詰めてもエサにはならないことを覚えておいてほしいと思います。

私のこの考え方を先に記したのは、ルアーでバスを釣ることの難易度を正しく知ってほしいからです。つまるところ、ルアーでもっとも釣るのが難しいバスとは、ある特定のベイトフィッシュに執着し、それのみを偏食している状態の魚です。

こういった状況は、おそらく中級者の多くが体験したことがあると思います。たとえば、辺りでボコボコにボイルしているのに、キャストしたルアーにはバスがまったく反応して

くれない、といった。これはマッチ・ザ・ベイトの究極が求められる状況であり、シルエット、アクション、カラー、キャストからコース取り、操作の一連といった隅々に至るまで、バスが捕食しているベイトフィッシュにどこまでも似せてやらないと反応を得ることはできません。逆に、すべての条件をクリアして、ひと度バスが反応するやり方を見つければ、ビックリするほど簡単に釣れる状況でもありますが……、それを見つけ出すのは至難の業です。

では、ルアーで簡単に釣れるバスがどんな状態なのかと言えば、意外や意外、エサに執着していないことがキモとなります。エサを追っている状態のバスではなく、居心地のいい場所にジッとしているバス。なおかつより濃いカバーに身を寄せていることがキー。そんなバスは警戒心が薄れているため、投入されたルアーに対して無警戒に口を使ってくれることが多いのです。裏を返せば、見え見えのオープンウォーターにいるバスの警戒心はハンパではなく、これもルアーで釣りにくいバスと言えます。

一例として桟橋攻略があります。桟橋の周りに浮いているバスを見ることは多々あると思いますが、それをサイトフィッシングで釣るのは非常に難易度が高い。しかし、人間から見えにくい桟橋の下にいるバスは、キャストさえ決まってしまえばいとも簡単にバイトしてくるものです。これは、同じひとつのストラクチャーについているバスのなかにも、釣りやすいバスとそうでないバスがいることのいい例です。

以上、極端なふたつの例を挙げて、釣りやすい、釣りにくいバスの状態を説明しました。釣りやすいバスに対しては、しっかりプレゼンテーションできることを優先したルアーセレクトが効率のいいキャッチに繋がり、釣りにくいバスに対してはルアーセレクトからプレゼンテーション、アクション、トレースコースの選択に至るまで、よりシビアに突き詰める必要があることを覚えておいてください。

バス釣りを簡単にしてくれる要素①

気象条件編

続きまして、これまたバスフィッシングをするうえで敵にも味方にもなり、皆さんも釣行の際に気にしているであろう「気象条件」について説明しようと思います。

釣りは自然が相手なだけに、気象は重要な条件であり、バスの反応だけでなく、私たちアングラー側が快適に釣りをできるかどうかも含めて、釣行当日の天気予報をチェックされている方は多いと思います。

しかし、当たり前のことですが、人間と魚とでは天候に対しての感じ方や反応はまったく異なります。そして、人間がいくら頭を悩ませても、バスの気持ちを100%理解することなど絶対にできません。もし、それができたら……、トーナメントでは常勝でしょう（けれど、そうなったらバスフィッシングがつまらなくなると思いますが）。

しかし、100%は無理でも、観察と経験の積み重ねによって、確度の高いことは言えます。では、どのような気象条件が、バスの活性を上げ、ルアーにバイトしやすくしてくれるのか。始めに、超単純にして、けれど核心の部分を書きます。

人間とバスとでは、天候に対しての感じ方は正反対‼　です。

人間側が過ごしやすかったり、「今日は釣り日和だな～」なんて言ったりしているときほど、正直、最悪の条件下に置かれていることが多々あります。そして逆に、雨が降っていたり風が強かったりと、人間側が不快で釣りをしにくいと感じるときが、バスにとっては好条件であり、実は本当の意味での釣り日和なのです。

これに関しては気圧などの要素も絡んできますが、簡単に「天気がいい＝明るい」「天気が悪い＝暗い」が差になると考えてもらってもかまいません。

晴天無風は、アングラーにとってはキャストがしやすいし、ラインが見やすいのでコントロールしやすく、ルアー操作も思いのままで、水中の障害物もばっちり観察することができます。もう好条件のオンパレードのようですが、それはバスにとっても同じこと。アングラーやボートの存在が察知されやすく、ルアーやラインなどもしっかり確認されてしまうので、警戒されてしまいます。

それに晴天無風では、バスがフィーディングモードに入ることも減ります。これもやはり水中の視界のよさが原因で、バスがベイトフィッシュに察知されやすくなってしまい、狩りをスムーズに行なえなくなるからです。

では逆に、天候が悪いときはどうでしょう。曇りで光量が少なければ、ルアーの存在が

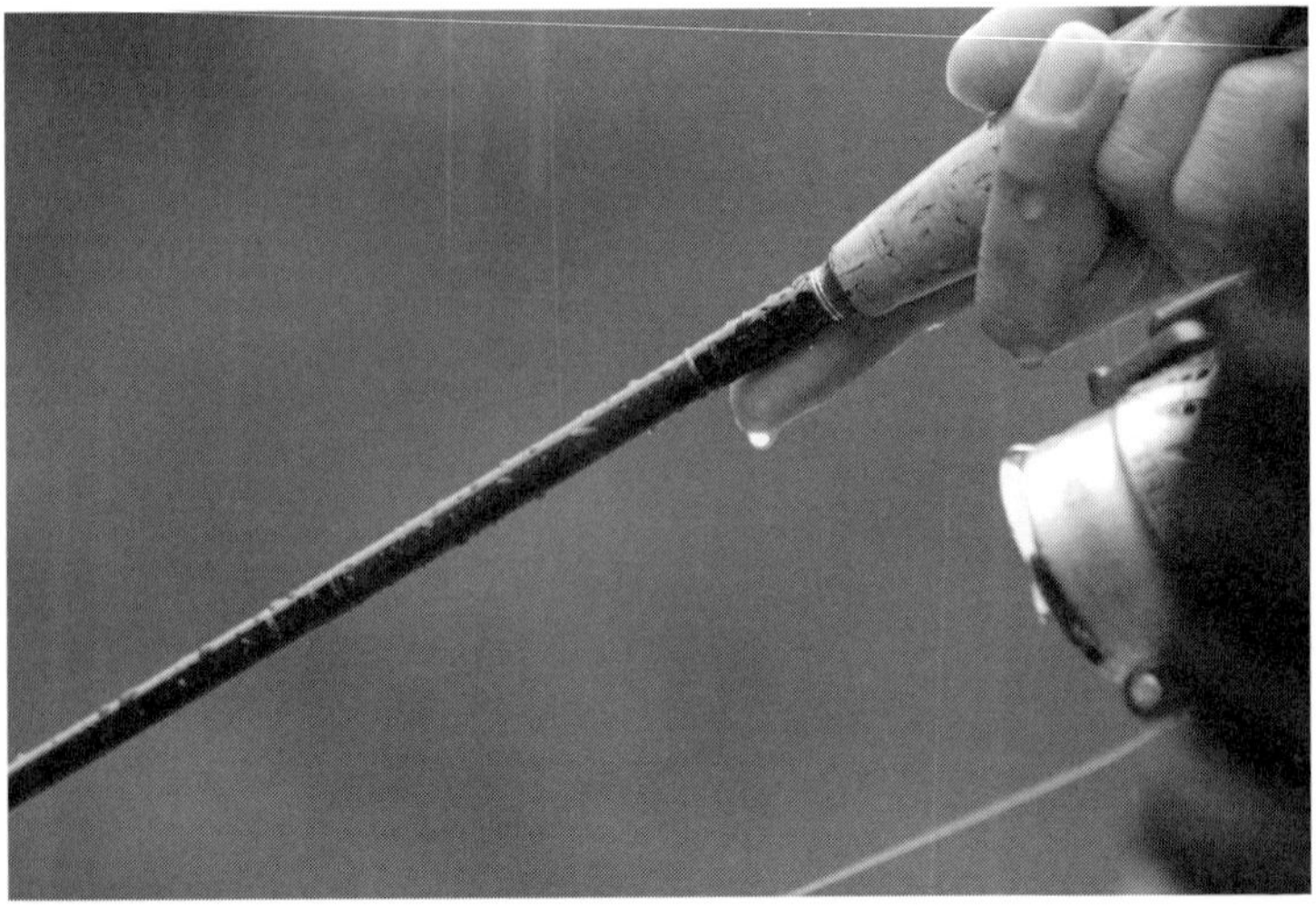

指先から水が滴るほどの強い雨。アングラーにとっては不快以外の何ものでないが、こんなときほど好釣果に恵まれた経験があるのではないだろうか

くっきりとしないためバスに警戒されにくく、さらに雨が加われば、水面が飛沫《ひまつ》に乱されて、蓋をしたような状態になります。それによってアングラーの気配は、バスからほぼ完全に隠されます。また水中では、バスもベイトフィッシュから存在を隠して捕食しやすくなり、フィーディングモード全開!! になるのです。

次に風について。風には雨と同じ効果があり、晴れていても風が吹けば、水面に蓋をした状態になります。加えて降雨があれば、水面の蓋は厚さを増してアングラーの存在を隠し、さらに一定以上の時間吹き続けることで、止水域にも流れを発生させてくれます。

魚はステイする際に、流れに対して上

流に頭を向ける習性があります。これを利用すれば、自分のねらうスポットにいるバスがどちらを向いているかをイメージしやすくなり、ルアーをキャストするスポットやトレースコースを考えるヒントにもすることができます。

さらに言えば、バスも本能的に流れを利用して狩りを行なっているはず。ベイトフィッシュの頭方向が決まっているなら、その死角となる、気づかれにくい方向から気配を消して襲い掛かる――私の場合、このイメージでルアーをキャストし、操作しています。

ほかに時合を生む要素としてもっともメジャーなのが、朝と夕の「マヅメ」ですね。照度の変化がバスにどう影響して、なぜ釣りやすくなるのかは、曇りや雨風といった条件と同じように考えてください。そうすると、朝夕のマヅメでも、どのタイミングをとくに重視すべきかが見えてくると思います。そう、貴重なのは、どちらも薄暗い時間帯。そこを逃してしまうと、一般にマヅメと呼ばれる時間帯であっても、意外にバイトは得られにくいものです。

ほかにも気圧や溶存酸素量の変化といった要素はありますが、正直、それらについて知っているからといって、直接、釣果に結びつくことはあまりないと思います。それよりは、曇りや雨風と時間帯によって変化する照度、水中視界の良し悪しを意識して、ベストタイミングを捉えることが釣果への最短ルートだと思います。

バス釣りを簡単にしてくれる要素②ストラクチャー（地形変化や障害物）とスクール（群れ）編

バスには、ストラクチャー（地形変化や障害物）に寄り添う、いわゆる「物につく」という習性があることを前記しました。ここでは、その習性をどう釣りに活かすかを説明します。

まずは、バスを「物についている魚」と「そうでない魚」とに大きく分けて話を進めます。どちらの魚が釣りやすいのかと言えば、それは断然、前者！　です。

物についているバスは、自分の身を隠してベイトフィッシュを待ち伏せていたり、居心地のよさを求めていたりします。つまり、そのつき場は、バスにとって安心できる場所。なので、物についてジッとしているバスは警戒心を解いていたり、何かに集中したりしていることが多く、釣りやすい魚と言えます。

逆に、物についていないバスはどうでしょうか。バスは回遊魚ではないので、ずっと泳ぎ続けていることはなく、泳ぐのはほとんどの場合において何か目的があるからです。バスに関して「回遊」という言葉の解釈は人それぞれですが、基本的には、ある一定の時間帯やサイクルで、泳ぐことと物につくことを繰り返しているというのが正しいでしょう。

競争心が働くため
スクール（群れ）のバスは釣りやすい
2尾より3尾、3尾より4尾
という具合に、スクールの規
模は大きければ大きいほど、
そのなかの1尾の行動をキッ
カケに群れ全体が劇的に捕食
モードに切り替わりやすい

そのサイクルの中で、物についていないバスはなぜ難しいのか。もちろん釣ることは可能ですが、動いているバスを釣る難易度は、その魚の目的によって大きく違ってきます。

なかでも1番相手にしてはいけないのが「居心地のよさを求めて移動している魚」。これは、本当にただ移動しているだけの状態なので、数投はしても深追いは禁物です。このタイプの典型的な例が、沖の何もないような場所を、単独でゆっくりと泳いでいる個体。出くわしてキャストしてもまず相手にしてもらえません。

それでは肝心の釣れるタイプの動いているバスについて。これはまさに上記した状態の真逆で、捕食などのしっかりと

バスは障害物やカバーを好む魚。自分が安心できる場所にいるときは警戒心を解いていることが多く、ルアーで釣りやすい状態と言える。また、捕食に競争心が働くため、群れていることも大きなプラス要素になる

した目的があるバスです。この手のバスは、その時、そのフィールドで、もっとも捕食しやすいベイトフィッシュを求め、フィーディングするチャンスを窺って移動しているケースが多々あります。

肝心なのは、そのような捕食しやすいベイトフィッシュが存在している場合は、それをねらうバスの数も多く、たいていは複数のバスが群れて「スクール」を作っていること。このスクールというのが大きなプラス要因で、複数のバスが同じエサをねらえば必然的に競争心が生まれ、エサの取り合いになります。

以前の項目で「特定のエサを偏食しているバスはセレクティブで、釣るのが難しい」と記載しましたが、そうした状況

でも、バスがスクールでいることは、釣るための助けとなります。群れの中に1尾でもルアーに反応するバスがいれば、競争心によって周りのバスにも劇的にスイッチが入り、ルアーの奪い合いになるからです。

バスがスクールでいることのメリット（アングラーにとっての）は、物についている魚についても当てはまります。ひとつの物に複数のバスが群れていれば、競争心が生まれるからです。また、物についているバスも、そうでないバスも、スクールの規模が大きくなれば、それに比例して競争心はより強くなります。2尾よりも3尾、3尾よりも4尾が好条件というわけです。

これは、まぁ、仲間数人で集まって釣りをするときのアングラー心理といっしょ。フィールドへ出掛け、同じ場所で釣りをすれば、我先根性が全開になるようなものですね（笑）。

ここまで説明したスクールの例は、ワカサギなどを捕食しているフィールドのバスに多く当てはまり、ディープレンジで起こりやすい現象と言えます。

しかし、シャローレンジでもこれに近い状況になることはあります。ただ、このケースのバスは、物についていない魚（釣りにくい魚）との区別が難しいので、ある程度の経験と、時間をかけて観察することが必要になります。

バスはもちろんシャローでも群れますが、スクールの規模が小さかったり、単独で泳いでいたりすると、パッと見、釣りにくい魚と思ってしまいがち。ですが、アングラーがそう勘違いしてしまうだけで、なかには釣れる状態のバスもいるのです。

このタイプのバスは、よく見てみると、ある一定の範囲に執着し、辺りをウロウロと行ったり来たりしています。こうした行動は、オイカワやハゼ系のベイトフィッシュを捕食しているバスに多く見られます。つまり、ウロついているのはエサがいるシャローであり、目的はフィーディングのチャンス待ち。だから、動いている魚のなかでも釣りやすいタイプなのです。

以上のように、単純に、ねらうバスが動いているかいないか（物についているかいないか）の違いだけでも、ルアーへの反応はまったく異なります。シャローであれディープであれ、キャストする前に情報を整理して、正しい判断のもとにねらってください。

バス釣りを簡単にしてくれる要素③
季節編「春」

前の項目で、ルアーで釣りやすいバスの条件について解説しましたが、バスが生息しているフィールドは多様であり、先に記した内容は漠然とした基本でしかありません。つまり、状況ごとに、もっと具体的にバスを簡単に釣る方法や考え方があるのです。ここから先は、そんな突っ込んだ内容について触れていきたいと思います。

ベースとなるのは、やはり別項にも記したシーズナルパターン。日本には四季折々のパターンが存在し、たとえば寒～い冬でもバスを釣るテクニックや方法論が確立されています。冬が難しい季節であることは間違いありません。が、バスにとっても厳しい時期だからこそ、条件のいい場所に魚が集中していることが多く、ハイシーズン中にも味わえないような爆釣が起こり得るのも冬という季節です。ただし、四季を通じての難易度はNo.1。「バス釣りを簡単にしてくれる季節」ではありません。

では、四季のなかで、バスがもっとも簡単に釣れるシーズンはいつなのでしょうか？それは、間違いなく「春」です！

春は、バスにとって一年でもっとも大切なイベントがある季節。そこに向けて、バスはある条件を備えたエリアへ差してきます。その大切なこととは、生き物が生きる意味のひとつである繁殖行動、つまりスポーニングです。

スポーニングエリアは基本的に、日光がしっかりと当たることや、外敵から卵を守りやすいシャローであることが条件になります（水深がある場所では、外敵が攻めてくる方向を特定しにくく、守りにくいので）。

こうした事情から、スポーニングの「前後」は、一年でバスがもっともアングラーに接近しているタイミングなので、ルアーがバスの近くを通る確率が上がり、釣れる確率も上がるのです。

そのなかでもねらうべきなのは、「プリスポーン」と呼ばれる早春のバス。スポーニングを意識してシャローに上がりたての魚をねらうのがベストタイミングです。新陳代謝が極度に落ちた半冬眠状態から覚め、1発目にシャローへ上がった段階のバスは完全にエサだけを意識していることがほとんど。しかも、冬からの空腹も相まってバイトしやすいときています。

シャローへ差すタイミングは「ビッグバスから」。大きい個体ほど体力があり、低水温でも動けることからです。

私は、河口湖で一年に釣る50cmアップの8割以上を冬から早春にかけて手にしている。この時期は、トーナメントはオフだしガイド業もヒマなので、思いっきりデカバスねらいを楽しんでいる。正直、毎年冬が来るのが待ち遠しいほど

しかし、スポーニングについても「ビッグバスから」と言われていますが、これは完全に間違った常識！　春の落とし穴なので注意が必要です。

ビッグバスを簡単に釣りたいのなら、冬から春への過渡期に、いち早くビッグバスだけがシャローへ差して来ているタイミングをねらうこと。事実、私が河口湖などで行なっている「D-Guide Service」では、ゲストさんに釣っていただく50cmアップのほとんどが、早春のこのタイミングに集中します。

つまり、簡単にバスが釣れる春のなかでも、その早い段階は「一年

でもっとも簡単にビッグバスが釣れる時期」でもあるのです。

では、具体的にそれがいつなのかと言えば、そこは地域や標高などによってフィールドごとに違ってきます。水温でも一概には言えないのですが、その前提で私の経験から言えば、モンスター級をねらって釣るなら3～4月です。

そのタイミングが過ぎると、シャローへ入ってくるバスのサイズは下がっていきます。また、先にシャローに上がって時間が経った大きな個体は、横への移動を開始したり、プレッシャーやスポーニング本番に近づくことでナーバスになっていったりしますので、動きを追うのも、ルアーに反応させるのも難しくなります。（シャローへのバスの供給は続きますので、サイズを考えなければ釣りやすい状況には変わりありませんが）。

50㎝の壁を破れずにいる方や、コンスタントに50㎝アップを手にできない方は少なくないと思います。この項を読んでいただいたそんな方に、ちょっと質問です。

オフシーズンが少し長くはありませんか？

3月？　まだ寒いしなぁ～、なんて思っていたら、ビッグバスの動きにはついていけません。水中の、とくにデカバスの春は意外なほど早いものなんです。

バス釣りを簡単にしてくれる要素④
季節編「夏」

一年でもっとも気温が上昇するこの季節。人間が感じているのと同様にバスも水温の上昇を嫌がる季節です。しかし、逆にこの暑さを嫌がるという要素によってバスが求めている場所を特定しやすくなる季節でもあります。夏に関しては、何よりも水温がなるべく低い、もしくは上昇しにくいといった要素を持った場所を探していくことが最重要項目となります。それによってベイトフィッシュにもリンクしていくケースが多く、比較的バスを探しやすいと言ってもいいのが夏です。

具体的に夏の好条件となる要素を挙げていくと、まずは単純に人間の体感でもわかりやすいシェード。いわゆる日陰です。これはどんなフィールドにでも存在し、見た目で判断できるわかりやすい要素です。しかし、単純にシェードを撃っていればよいのでしょうか。その答えは完全にNo‼　シェードにいくつかの要素が加わっていることがバスをストックするためには重要なのです。

シェードを形成している物にはいろいろな種類があり、たとえば桟橋であったり、樹木のオーバーハングであったりと、人工物や自然物を問いません。が、シェードであれば何でもいいわけではありません。太陽は時間によって位置を変え続けているため、シェードは位置も大きさも不確定。なかでもごくわずかな時間しか形成されないシェードでは、水温の変動が激しく、バスをストックする可能性は極端に下がります。逆に一日中太陽光を遮断し続けるようなスポットも存在し、そういった場所は低水温をキープすることができ、安定した状況となるため、バスは好んでそういった場所に身を寄せています。

簡単に言ってしまえば、小規模なシェードほどバスを長時間止めておくことは難しく、いても一時的に入っているケースがほとんど。しかし、大規模なシェードなら時間帯によって位置は動いてしまうものの、そのなかに確実に陰になり続ける部分が存在するため、バスは小移動で陽射しを避けることができ、同じスポットに長時間止まり続けることができるのです。さらに、そんな好スポットには続々とバスが集まり、複数尾が陣取っていることが多く、1ヵ所から数尾のバスを釣りあげることも珍しくありません。シェードの大きさは、バスのストック量と比例するといっても過言ではないでしょう。

ここまでは目で見える陰の部分について説明してきましたが、水上からは完全な日向に見えても水面下では太陽光が軽減されている場所もあります。そう、ディープウォーターです。深くなればなるほど太陽光が届きにくく、水温が上昇しにくくなります。なおかつ

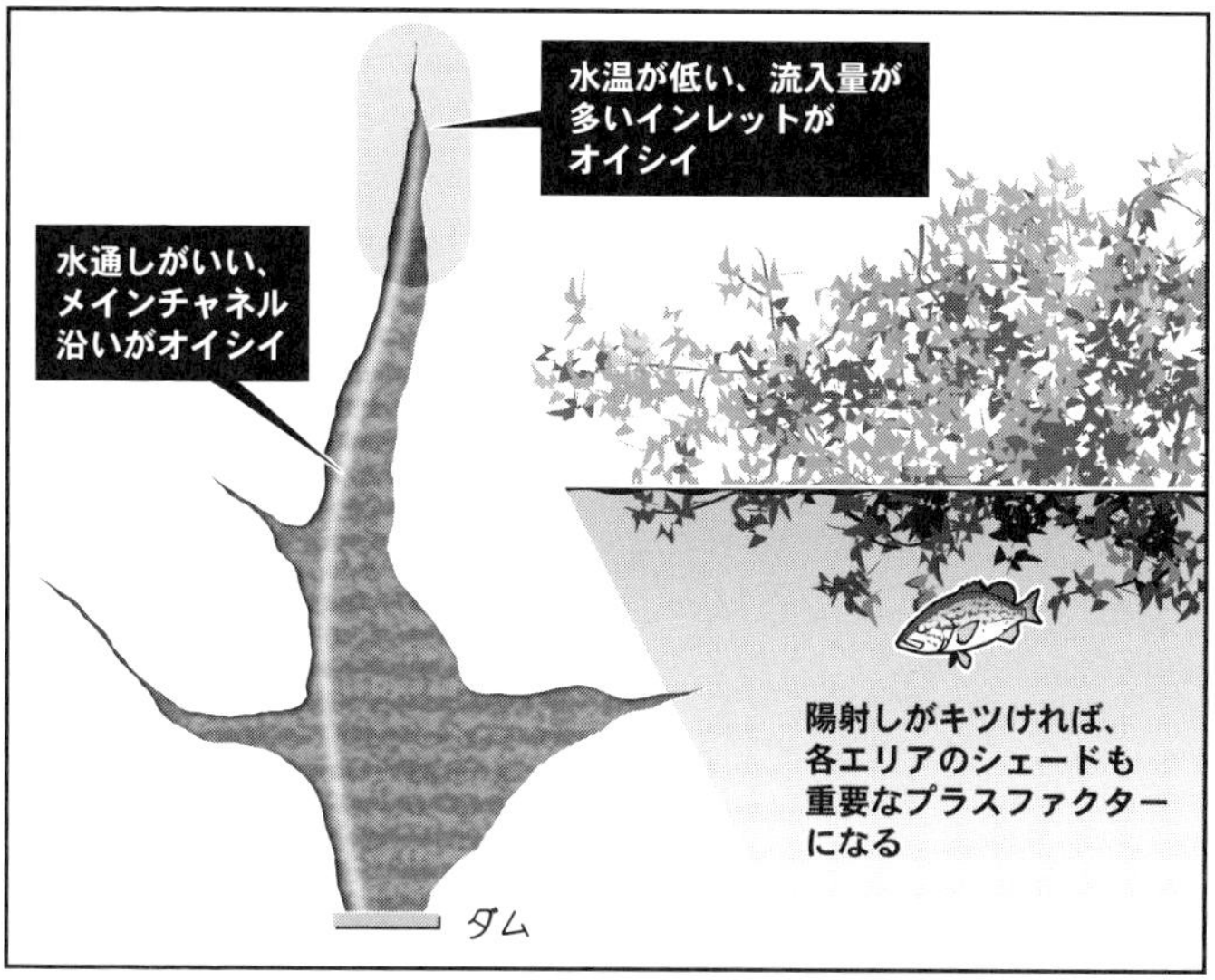
水温が低い、流入量が
多いインレットが
オイシイ
水通しがいい、
メインチャネル
沿いがオイシイ
陽射しがキツければ、
各エリアのシェードも
重要なプラスファクター
になる
ダム

冷たい水は比重が高いため、ディープのボトム付近はシャローに比べて格段に水温が低い状態に保たれており、バスにとってもベイトフィッシュにとっても居心地のいいエリアとなります。しかし、ただ単純にディープを釣っていればいいわけではありません。ディープエリアでも水がまったく動かないような場所では、水温が高くバスは好みません。基本は水が動く場所。これはガンガン流れているといったニュアンスではなく、同じ水が一ヵ所に停滞し続けないといった意味。同じ場所に止まり続ける水はディープであっても水温が上がってしまい、また淀むことで溶存酸素量も減って、そんなエリアの水は新鮮さを失ってしまいます。

ここで言う「水の動き」というのは、河川や放水があるダム湖などの明らかな流れのことはもちろん差しますが、強い流れが生じにくい天然湖であっても、メインチャネルという水が入ってきて、その水が抜けていく場所、つまり水の通り道が存在します。そのフィールドの水のルートであるメインチャネルでは、水が止まることなく動き続けており、動き続けることで水温が低く、新鮮な状態に保たれています。

つまり、ねらうべきディープとはこのメインチャネルに沿ったエリアということ。このディープが、夏場のバスにとっては居心地のいい場所となるのです。

さらに条件を加えるならば、メインチャネルに面している地形変化をねらうこと！　たとえばチャネル側に突き出した岬であったり、流れが利く場所にあるハンプであったり。こうした変化は、水の条件的にも、変化を好むバスの習性的にも最高と言っていいでしょう。

メインチャンネルについて触れたので、その最上流についてもここで書きたいと思います。夏と言えば、やはり最上流域の流れが強く利いているエリアでの釣りを想像される方も多いでしょう。もちろんそうしたエリアは夏の超一級場です。が、それはなぜなのでしょうか。

好条件の元は、間違いなく水温の低さにあります。水は当然、上流から下流へ流れます。

この一連のなかで、もっとも水温が低く、そして新鮮な水が入ってくるのが最上流。その水は下流へ向かう間に徐々に温められて、最下流で最高水温に達します。ですので、夏場のバスはそのフィールドの下流域にはほとんど寄りつきません。こうしたフィールド全体の動きから、夏場のバスは冷たく新鮮な水が流れてくるほうへ、居心地がいい流域へとどんどん集結していき、盛夏を迎えるころには、相当量のバスが最上流域にストックされることになるのです。

フィールドによっては複数のインレットを擁していますが、そのなかでバスのストック量がもっとも多いのは、流入量がもっとも多い筋です。水の流入量が多ければ、川幅が広く、また深く掘れていきます。そこから流れ込む水がメインチャネルを形成するため、魚はその流れをベースに生活するようになるのです。

ここまで夏の好条件について説明してきましたが、はっきりした最上流域とメインチャネルがあるフィールドに関しては、その流れをベースにシャローもディープも釣りを展開していくといいでしょう。上流域の新鮮で水温が低く安定した水を基準に、シェードや地形変化を照らし合わせていく。これが夏の基本です。一方、ほぼ完全な止水域でも、シェードや小さなインレットなど、水温を少しでも低く保ってくれる要素を釣っていきましょう。つまり、基本は変わりません。

バス釣りを簡単にしてくれる要素⑤
季節編「秋」

一年のなかで秋は、バスがもっとも広範囲に散ってしまう季節です。その理由としては、水温が夏の高い状態から徐々に下降していき、バスにとって居心地のいいエリアが拡大していくからです。そうして、フィールドのあらゆる場所にバスが動いてしまうのは、アングラーにとってあまり喜ばしいことではありません。

このバスが散ってしまう季節に、どのような要素を基準にバスを探していったらいいのでしょうか。夏と違って、秋に関しては居心地ではなく、ベイトフィッシュをキーとしたフィーディングエリアを探していくことが重要となります。そのために、まずはそのフィールドでバスが何をメインに捕食しているかを考える必要があります。これに関しては各フィールドでパターンが異なってしまうため、夏のように好条件の積み重ねでバスを探せない点が、秋が難しいとされる大きな理由です。

逆にキーとなるベイトフィッシュを特定でき、フィーディングエリアを見つけてしまえば爆釣となるケースも多く、これがいわゆる「秋の荒食い」をアングラーに強く印象づけ

ターンオーバーがバスに与える影響は、実はそれほど大きくはない
多少濁ったから、物にタイトにつこうかな
……という程度だったりする。「多少」なら、濁りの発生はアングラーにとってむしろプラス。ルアーでバスを騙しやすくなるからだ

るのでしょう。

しかし、「荒食い」という表現が適切かどうかは疑問です。バスはチャンスさえあれば一年中捕食行動をとっているわけで、秋だけ特別に食い気が立つようなことはありません。ただし、適水温で動ける範囲が広がっている秋が、バスにとって捕食を優先できる季節であることは間違いないと思います。

フィールドによってパターンが異なってくるこの季節ですが、ひとつ言えるのは、夏の高水温状態から一気に水温が下がってしまうエリアはあまりよくない、ということです。リザーバーであれば上流域から水温が下がっていきますので、水温が安定するであろう中流域にバスは落ち始めます。また、止水域であれば外気温の低下に影響されて、シャローから冷やされていきますので、必然的に魚のレンジが下がっていくことになります（これはリザーバーにも当てはまります）。

つまり、秋に移行していく過程で魚のレンジが下がっていく現象は、とかく一貫性がない秋のバスの行動のなかで、数少ない各フィールドに共通する動きと言えるでしょう。

水温の低下は、秋のバスの行動に大きく影響しているのですが、このことはフィールドそのものにも変化をもたらします。アングラーにとって秋にもっとも頭を悩ませる要素「ターンオーバー」も急激な水温低下が引き起こすからです。

ターンオーバーに関しては、大多数の方があまりいい印象を抱いていないことでしょう。それは雑誌等の、「ターンオーバーしていないエリアや、影響が少ないレンジを釣りましょう」といった記事を見れば明らかです。

が！　それらに対して私の意見は正反対です。経験上、多くの湖でターンオーバーした状況を釣ってきましたが、バスが完全にターンオーバーを避けて行動していると感じたことはただの一度もないからです。

水温変化による対流現象（一気に冷えた水が急速に深場に落ち、深場の水が浅場へ押し上げられる）で、ボトム付近に沈殿していた死に水が巻き上げられ、人間の見た目には通常より水質が悪くなっているように映るのですが、それに対して魚は、意外と平気な顔して泳いでいます。肝心の魚の反応がそうなのですから、私にとってターンオーバーはむしろ好条件。釣りやすくなるプラス要因として捉えています。

アングラーの主観では、濁りにあまりいい印象は受けないでしょう。しかし、とくにルアーフィッシングでは、この濁りがバスの視界をぼやけさせてくれることで、バスがアングラーやボートの影や気配に気づきにくくなりますし、ルアーを鮮明に認識されにくくもなり、疑いのないアクティブな反応を示してくれることが多くなります。水質を気にするよりは、その原因である急激な水温の低下をこそ意識して釣りをするべきです。それが原因でスローになっていることさえ頭に置いておけば、とくに普段、バスが視覚に大きく頼っているクリアウォーターでは、格段に釣りやすくなります。バスのルアーに対する疑いレベルは大きく下がりますので、単純にバスの近くにルアーを通すことができれば、バイト率は格段にアップするでしょう

ただし、濁りによってバスの行動パターンが変化することを忘れてはいけません。濁ることで、バスは自分の位置をよりしっかり把握するために、身を寄せる障害物などに固執する傾向が強くなります。シャローからミドルレンジであればウイードやマンメイドストラクチャーなどによりタイトにつき、ディープでも地形変化や沈み物によりタイトになります。エリアの水深にかかわらずに大きく見れば、中層ではなくボトムを釣るのがターンオーバー対策と言えるでしょう。この考え方は、もちろん雨や強風で発生した濁りについても当てはまります。

バス釣りを簡単にしてくれる要素⑥
季節編「冬」

バスフィッシングを行なううえで、冬はバスが冬眠していてオフシーズンといった捉え方をされている方もまだいるでしょう。そこまでいかなくても、チャンスが少ない季節だなぁ、と。しかし、冬もバスフィッシングは成立します、決してオフシーズンではありません。バスフィッシングは一年中楽しめる釣りです。もちろん冬は四季のなかでもっとも厳しい季節であり、ノーフィッシュ・ノーバイトも当たり前（苦笑）。それでも、バスの行動パターンを調べていけば確率はグンとアップし、コンスタントに1尾を手にすることができるようになります。

まず、冬の釣りを語るうえで1番ネックになるのは何と言っても寒さです。一年でもっとも水温の下がるこの季節は、寒さをいかにかわしていくかが釣果に大きく影響してきます。単純に考えれば、いかに水温の高い場所を探すか、といったことが頭をよぎります。もちろんそれは間違いではありません。しかし、始めに書いてしまいますが、冬を攻略するうえで最重要項目となるのは水温の高さではなく、「水温の安定」なのです！　さらに

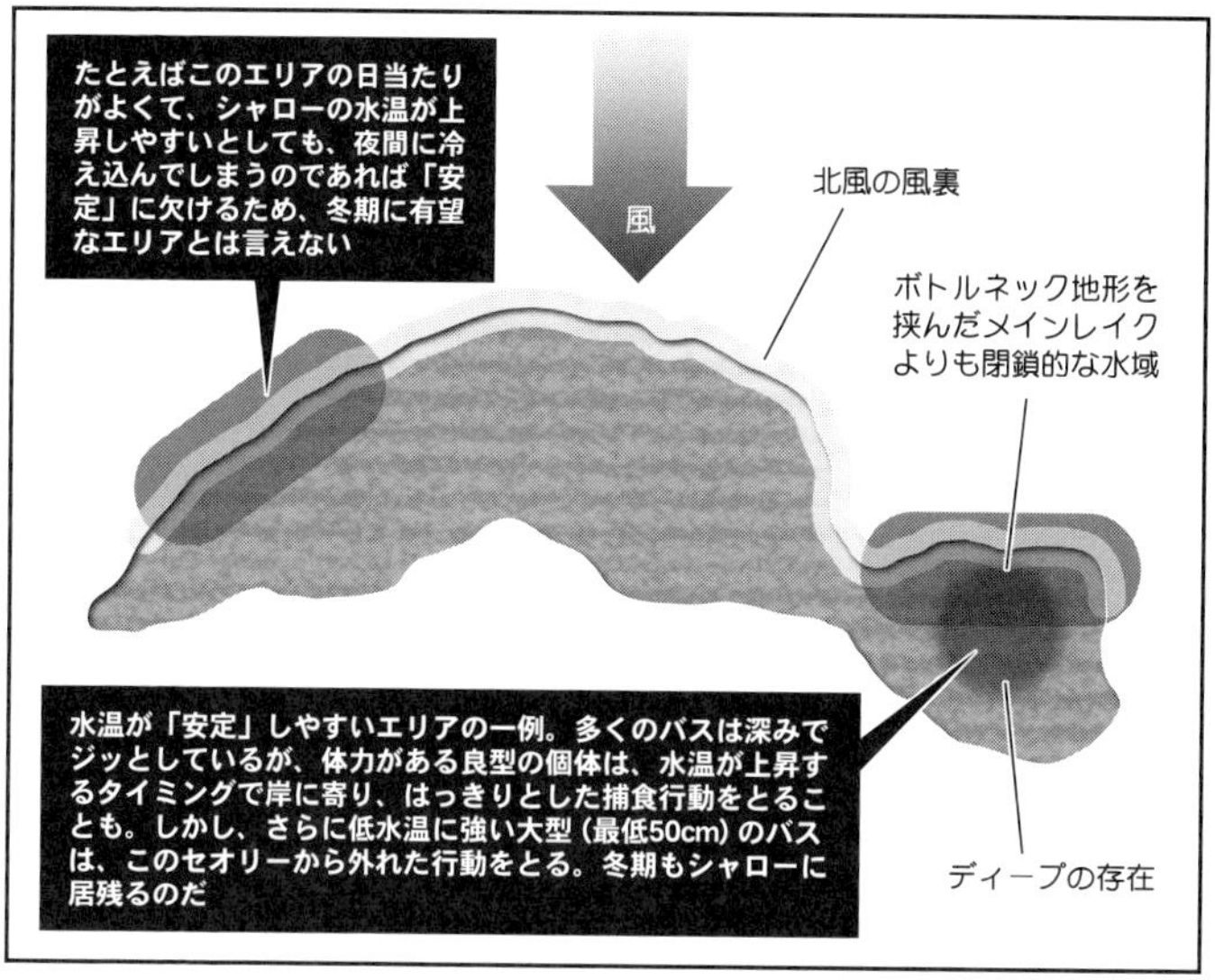
たとえばこのエリアの日当たりがよくて、シャローの水温が上昇しやすいとしても、夜間に冷え込んでしまうのであれば「安定」に欠けるため、冬期に有望なエリアとは言えない
風
北風の風裏
ボトルネック地形を挟んだメインレイクよりも閉鎖的な水域
水温が「安定」しやすいエリアの一例。多くのバスは深みでジッとしているが、体力がある良型の個体は、水温が上昇するタイミングで岸に寄り、はっきりとした捕食行動をとることも。しかし、さらに低水温に強い大型（最低50cm）のバスは、このセオリーから外れた行動をとる。冬期もシャローに居残るのだ
ディープの存在

「より高水温で安定している場所」ならベストということ。これを満たしていれば、シャローエリア、ディープエリア問わず好条件と言えます。

そんな場所は膨大な数のバスをストックしているでしょう。では、どこにそんなエリアがあるのでしょうか。基本的に、冬は北からの強い風が吹き荒れることが多く、まずはこの冷たい北風を確実にプロテクトしてくれることが条件。さらに夏のパターンとは真逆となる水が動きにくい場所がよく、閉鎖的な小規模エリアがよくなってきます。こういった場所は水が動きにくいことで水温が安定しやすいからです。

人間の見た目では、日の当たる場所は

温まりやすく、好条件に見えます。しかし、上記した「安定」という条件を満たす場所は意外と少ないものです。いくら日中に水温が上昇しようが、夜のうちに冷え込みやすい、水温変動の大きい場所は完全にアウト。これが意外と冬の落とし穴であり、水温計や見た目からでは、冬のベストエリアはなかなか判断しにくいものです。正直、冬のベストエリアは、何日も同じ湖に通い、こまめに水温をチェックして「本当の安定」が見えてこないと判断できません。見つけるまでは忍耐ですが、見つけてしまえばその冬の間は常にバスがストックされている可能性が高く、ひと冬をそのワンエリアで楽しめてしまいます。

あとはいかにルアーに口を使わせるかです。が、冬はそう簡単にバスが口を使いません。一日のなかでも時合が存在し、バスが動けるタイミングがあります。これを外してしまうと、これまた一日何も起きないズーボー日となってしまいます。このタイミングに関してはフィールドによっても異なりますが、より低水温なフィールドほどチャンスは少なく、逆に最低水温が高ければ時合のタイミングも拡大します。

その時合ですが、どんなフィールドでも確実に共通しているのは朝夕のタイミング！これは各シーズン共通ですが、冬場に関しては一年でもっとも強烈に朝夕に食いが集中します。陽が傾くまでノーフィッシュでも夕方に連発！　なんてことは幾度となく経験していますし、逆に朝の数投であっさり釣れてしまい、けれど、あとはさっぱりなんてことも。

12月といえばまだ初冬だが、標高800 mを超える河口湖の気温、水温などの条件は、すでに平地の真冬も同然。しかし、エリアとタイミングを当て込むことができれば、ラッシュでふた桁釣果に届くことも珍しくない

冬の朝マヅメ、夕マヅメというのは中途半端な時間帯ではなく、本当のマヅメ時限定です。具体的に言えば、朝は6~7時、夕は4~5時がスーパーゴールデンタイム！　エリアは合っているはずなのに釣れないといったアングラーは、このゴールデンタイムに釣りをしていない可能性が高いはずです。心当たりがある方は、ぜひこの時間帯に釣りをしてください。なんなら中途半端な時間帯は休憩していてもかまいませんので。

ここまで説明してきたように、冬バス攻略のカギとしては、まずはきっちりとエリアを見定めること。そして、釣れる時間帯を逃さないこと。この2点をしっかり守っていけば、魚に出会うことは思うほど難しくはありません。

そうすれば冬の醍醐味でもあるビッグバスがヒットしてくれるかもしれません。体力のない小さい個体はなかなかルアーにバイトせず、半冬眠状態になっている感が強いですが、ビッグバスは冬でも動けており、シーズン中ではなかなか手にすることのできないサイズがバイトする可能性は大！「冬は食えばデカイ」と言われますが、それは紛れもない事実です。この「ビッグバスを釣るのに適した季節としての冬」については、あとの項目でもう一度触れたいと思います。

弐ノ扉

それでいいのか？
タックル大検証

ルアーセレクトの基本

現在の市場には本当に多くの種類のルアーが出回っており、いまだに新しいジャンルが生まれたり、既存の物も進化を続けたりしています。そんな無限ともいえる膨大な数のルアーのなかから、何を基準にルアーセレクトを行なえばいいのでしょうか。

まず、ルアーをセレクトするにあたって重要なのは、「何を基準にするか」です。これなくして闇雲に結んだルアーをキャストしても、なかなかいい結果は出ませんし、たとえ釣れたとしても上達のヒントにはなりにくいものです。

しかし、「基準」といってもひとつではありません。フィールドでは、直面した状況に応じて臨機応変に対応する必要があるのも事実です。が、そうまとめてしまってはこの項目自体が成立しなくなりますので、大本となるふたつの基準を書きたいと思います。

ひとつは、自分が選んだスポットに対して、ストレスなく入れていけるルアーを選ぶという「ロケーションに応じたセレクト」。もうひとつは、そのときのバスが捕食しているメインベイトに合わせる「マッチ・ザ・ベイトに準じたセレクト」。このふた通りの基準が、ルアーセレクトの大本には存在します。

ただし、後者に関してはそのフィールドに通い込んで精通しているなど、ある程度の経験と知識（情報）が必要になってきます。初めて訪れるフィールドや、バスの食性がコロコロ変わってしまうようなフィールドでは、扱いきれない基準と言えるでしょう。というわけで、ルアーセレクトの基準は8割方「ロケーション」に支配されることになります。

では、この「ロケーションに応じたルアーセレクト」とは、具体的にどういったものなのでしょうか。たとえば、野池の場合。さまざまなタイプのなかから、ここではカバーも何もない完全な皿池を例にしたいと思います。

こうした皿池は、パッと見で場所を絞ることが難しく、攻略するためにはインビジブルな（陸上からは見えない）障害物や、ちょっとした地形変化を探すことが肝心です。そこで、広範囲を探れる各種ファストムービング（巻き物系ルアー）の出番となりますが、根掛かりの怖れが少ない皿池では、1番効率のいいバイブレーションプラグが最も有効なルアーということになります。カラーに関しては基本どおり、水質から判断します。私なら、クリアだったらナチュラル系、マッディーだったらチャート系から釣りを始めます。

そして、プレッシャーが高い場合はライトリグの出番となります。しかし、このタイプの池はバスのついている場所が明確でないので、ライトリグといっても存在感が希薄すぎる物では、なかなかバスに気づいてもらえません（ピンスポットを絞りにくいので、バスのほうからルアーを発見して寄って来てほしい）。そのため、ある程度の大きさと水押しが必要となり、コンパクトながらボリュームがあって水押しも強い、スモールラバージグや5inスリムヤマセンコーのジグヘッドワッキーリグなど、ライトリグのなかでも存在感のあるセレクトとなります。

プアな皿池とは対極的に、岸がアシやブッシュに覆われ、沖の水中はウイードだらけといった野池であればルアーセレクトはまったく異なったものになります。ファストムービングでは圧倒的にスピナーベイトが有効ですし、ソフトベイトであればテキサスリグやラバージグといったウイードレス性能に優れたリグが中心となります。ライトリグに関しても同様で、スモラバはしっかりしたガード仕様、ノーシンカーリグのフックもマスバリではなくオフセットフックの使用が大前提となります。

ロケーションを基準に、したい釣りをストレスなくできるルアー（リグ）をセレクト。そのうえで、大まかにでもバスの捕食しているエサがわかれば、ソフトベイトの形状も決めやすくなります。

ルアーというものは、ある程度バスに近づけてあげないと、釣れる確率が上がりません。だからこそ、ロケーションに応じてストレスなく釣りができるルアーセレクトをすることで、バスに近づくことができるのです。

魚類系のベイトが多いフィールドで開催された、JB TOP50戦での私のハードベイトボックス。オープンなエリアが多く、水の透明度が高いフィールドだったこともあり、ミノー、シャッド、S字系は必須だった。加えて、こうしたタイプの湖では、ライトリグの使用頻度も高くなる

フックの重要性

ルアーセレクトにこだわる方は多いのに、それに比べてフックに気を遣う方は少ないように思います。

極論すれば、フックが付いていないルアーでバスは釣れませんよね？

じゃあ、折れているフックでは？　ハリ先が鈍かったら？　サビていたら？　そして、ルアーや釣り方に合っていないフックだったら？　このように「程度の問題」であって、フックが釣果に影響するのは間違いない事実です。いくらベストなパターンを導き出せても、フックのセレクトが間違っていたら、フッキングミスやバラシが多発してバイト数の半分もキャッチできないといった事態に陥ります。

フックについて、ハードベイトとソフトベイトに分けて書きます。まず、ハードベイト用。ひと昔前まで、市販品に付いているフックはそのままでは使えないのが当たり前。シャープナーで研いで使えるようになるのはいいほうで、そもそも研ぐ気にもならないハリや、サイズがまったく合っていないハリが付いているルアーもざらでした。

しかし現在、ほとんどの市販品に付いているフックは充分にシャープです。さらに、そのルアーに開発段階からセットされていた物であることが多く、重量面（アクション面）やフッキング性能面でもベストなパフォーマンスを発揮してくれます。ですから、不用意なフック交換はアクションを損なう原因にもなりかねません。ですので私の場合、交換するにしても基本は純正フックを使用しています。

例外的に、ねらっている魚のサイズやロケーションに応じてサイズアップしたり、冬などの低活時に貫通力を重視して細軸の物に換えることもあります。その際に気をつけなくてはならないのはフックの重さ。とくにサスペンドシャッドなどは、純正フックでバランスがとられているので注意が必要です。また、クランクベイトなども元のフックより重い物をセットするとアクションが鈍くなるケースが多々ありますので、意図があってサイズを変更したとしても泳ぎのチェックは欠かせません。

次にソフトベイト用。これに関しては多種多様な物が販売されており、その進化は現在も止まるところを知りません。そのうえ、新しいリグが登場するたびに種類が増えていますから、種類に関しても今後さらに増えていくでしょう。

これだけたくさんのフックが販売されているということは、それだけソフトベイト用のフックが釣果に大きく影響するということでもあります。しかし、きちんとマッチングを考えてフックの選択をしているアングラーは、それほど多くありません。中級者がそこま

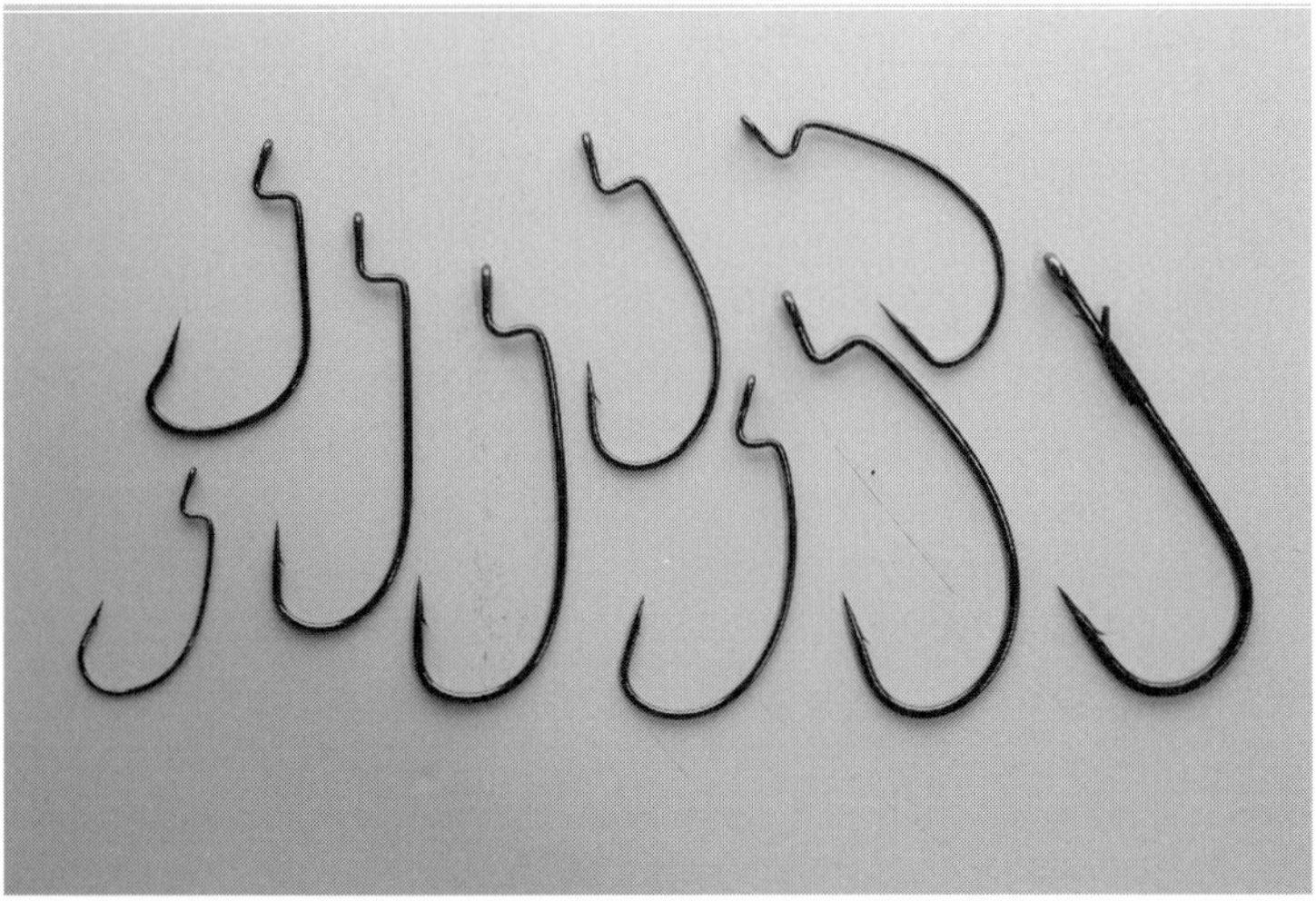

現在の精度が高いルアー開発から生まれたハードベイトであれば、基本的に純正のフックがもっとも性能を発揮してくれる。悩むのがソフトベイト用のフック。写真のフックは、サイズ違いではなく、すべて別製品。これでも店頭に並んでいる物のごくごく一部だ。ストレートフックはFPP（フィナ／右端）があればほぼOKなのだが……

で外れたセレクトをしているとは思いませんが、「だいたいこんな感じかな……」と、ニュアンスで選んでいる方が多数派なのではないでしょうか。

ソフトベイトに関しては、リグだけでなく、そのもの自体の形状もさまざまなので、きっちりマッチしたフックを探すのは楽ではありません。あまりにも組み合わせの種類が多いので曖昧な書き方になってしまいますが、ソフトベイトのフック選びは、「ゲイプ幅と全体の長さが適度であること」が肝心です。使用するソフトベイトに対して、あまりにもゲイプ幅がなかったり、短かったり（小さかったり）する物を選んでしまうと、それだけでフックアップ率が大幅に低下してしまいます。

　そして、もうひとつ基準となるのが「ワイヤー径」。どれくらいの太さの鋼線で作られたフックなのかということで、これもフッキングの成否に大きく影響します。

　カバーが多いフィールドやバスのアベレージサイズが大きいフィールドでは、それに応じてタックル全体をヘビーデューティー化する必要があります。たとえばロッドはヘビーパワー以上で、ラインも16Lb以上といったように。

　そんなヘビータックルを用いてカバーでバイトを得たら、誰もが渾身《こんしん》のアワセを入れるでしょう。けれど、そのときに細軸のフックを使っていて、ポイントがバスのアゴの硬い部分に立ってしまったら……、フックは刺さりきることなく、いとも簡単に伸びてしまいます。細軸とはいえ、手で広げるにはそれなりの力を要するフックでさえ、足腰と背筋、腕力を総動員したフッキングとヘビーカバー、ヘビータックルの前では、たとえ30㎝のバスが相手でも強度がまるで足りないのです。

　反対に、オープンウォーターで繊細に操作するライトリグに太軸のフックを組み合わせてしまったら、どれだけバスの重みをしっかり乗せてスイープにアワセたとしても、巨大なバーブ（カエシ。ここを刺し貫くには、たとえ細軸のフックでも大きな力が必要）が抵抗となってやはり刺さりきりません。

以上のようにフックを使いこなすということは、ロケーションやその他のタックルセッティング、さらには自分のアワセ方やその強弱にまで応じたトータルな技術が求められます。「何もそこまで……」と引いてしまわない方は、ぜひご自分にとってベストなフックを追求し続けてください。極度のフックフェチである私は、そのおかげでミスを最小限に止めることができています。

ラインの機能・性能は「超」重要

アングラーとルアー、アングラーと魚を繋げてくれる重要なタックルがラインです。魚を掛けて手にするまでの重要性は言わずもがな、キャストやルアーコントロール、バイトの感知など、ラインに求められる機能・性能はどれも超重要です。

ラインにはいくつかの素材があり、バスフィッシングでおもに用いられるのは、ナイロン（モノフィラメント）、フロロカーボン、ＰＥ（ブレイデッド）の3種。これらの特性で、使用感や釣果に1番深く関連するのは「伸び」の違いです。

簡単に書けば、ナイロンは引っ張ったときにゴムのように伸びが生じます（製品や径によって差がありますが20～25％）。その伸びが抑えられており（同15～20％）、しかも初期伸度（瞬間的に掛かった力に対する伸び率）が低いのがフロロカーボン。そして、まったくと言っていいほど伸びが生じないＰＥとなります。

そして、伸びと同じく重要なのが「比重」の違いです。ナイロンは水とほぼ同比重（若干重い程度）なので、実際に使用しているときは水面に浮きます。ＰＥは明らかに水よりも比重が低いので、どれだけルアーをスローに操作しようが完全に浮きます。これらに対して比重が高いフロロカーボンは沈むといった具合です。

●ナイロンライン

伸びがあって比重が低く、しなやかでキャストもしやすいナイロンラインは、クランクベイトなどのファストムービング系に向いています。ハードベイトの場合、バスはリアクション的にバイトしてくるケースが多く、コツコツアタるのではなく、一気にドンッ‼と手もとへ伝わるアタリが多くなります。

その衝撃は、もちろんルアーとバスとの接点で生じていますので、何らかの方法で吸収してあげないと、バイトを弾いてしまうことが多くなります。そこで、ひとつの方法として伸びやすいナイロンラインを選択するわけです。

●フロロカーボンライン

バスフィッシングでもっとも多用されるのがこの素材で、おもにソフトベイトを用いた各種リグやラバージグに最適です。比重が高いのでルアーを沈めやすく、水面との接点で折れを生じさせずにティップからルアーまでのラインを直線に保ちやすいというメリットがあります。このことと初期伸度の低さが相まって、ルアーの操作性がダイレクトになり、

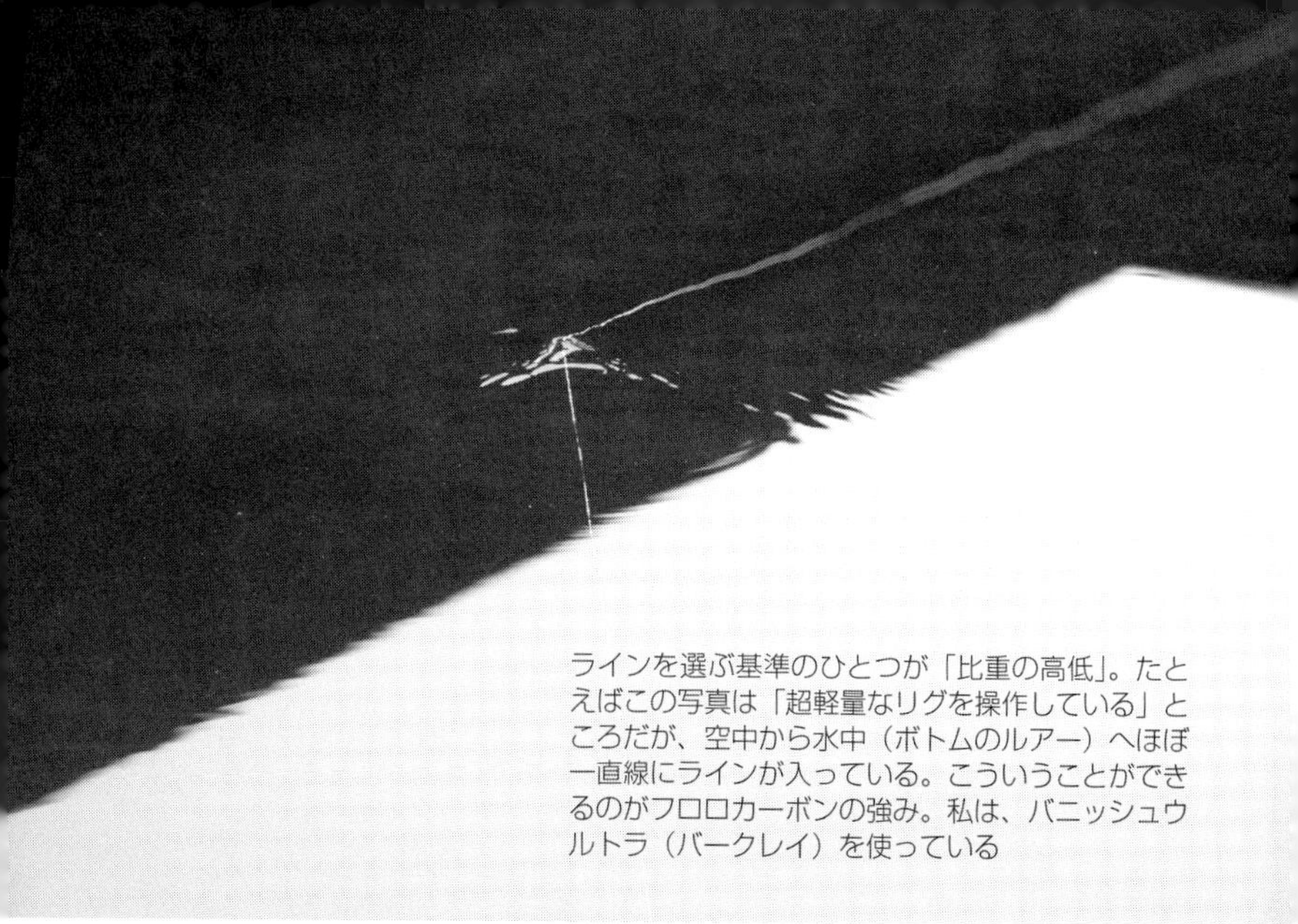

ラインを選ぶ基準のひとつが「比重の高低」。たとえばこの写真は「超軽量なリグを操作している」ところだが、空中から水中（ボトムのルアー）へほぼ一直線にラインが入っている。こういうことができるのがフロロカーボンの強み。私は、バニッシュウルトラ（バークレイ）を使っている

ボトムマテリアルやバイトなどの感知能力も向上します。

そして、この素材は耐摩耗性も高く（根ズレに強く）、この点でもカバー内や障害物周りを探ることが多いソフトベイト系の釣りに最適な特性を備えているということができます。

●PE

まったくと言っていいほど伸びが生じず、また比重が低いことから、トップウォーターフィッシングに最適なラインです。ラインが浮いてくれることでルアーへのアクションがダイレクトに伝わり、思ったように操ることができる楽しさはほかの素材のラインでは味わえません。さらに伸びがないことで、バス

が水面を割ってバイトしてきたときのアワセもダイレクトに決まります。

また、細くても強度が出せる構造（撚りイト）なので、ナイロンやフロロカーボンではベイトリールでさえ扱いきれない50Lb以上や、やはり標準的なスピニングリールでは快適に扱えるとは言い難い10Lb以上を選べるのもPEのメリットです。こうした用途で用いられますが、耐摩耗性は低いため、おもに植物系カバー周りで出番が多くなります。

●ライン強度をフルに発揮してくれるパロマーノット

ラインに関するトラブルでもっとも怖いのがラインブレイクです。最悪なのはフッキングからファイト中でのブレイク。掛けた魚を逃すのも、バスの口にフックやルアーを残してしまうのも、アングラーにとって大きな損失であり、後悔して止まない行為です。

ブレイクしないために重要なのが「ノット」、つまり結び方です。これをテキトーにしてしまうと、たとえ新品の高強度ラインであっても、その性能の何分の一も発揮することなくあっさりと切れてしまったりします。現在のフィッシングラインは非常に高性能ですので、それをフルに発揮させるためにもノットには充分に気を遣いましょう。そうすることが、ラインブレイクを防ぐ最善の策といっても過言ではありません。

パロマーノット

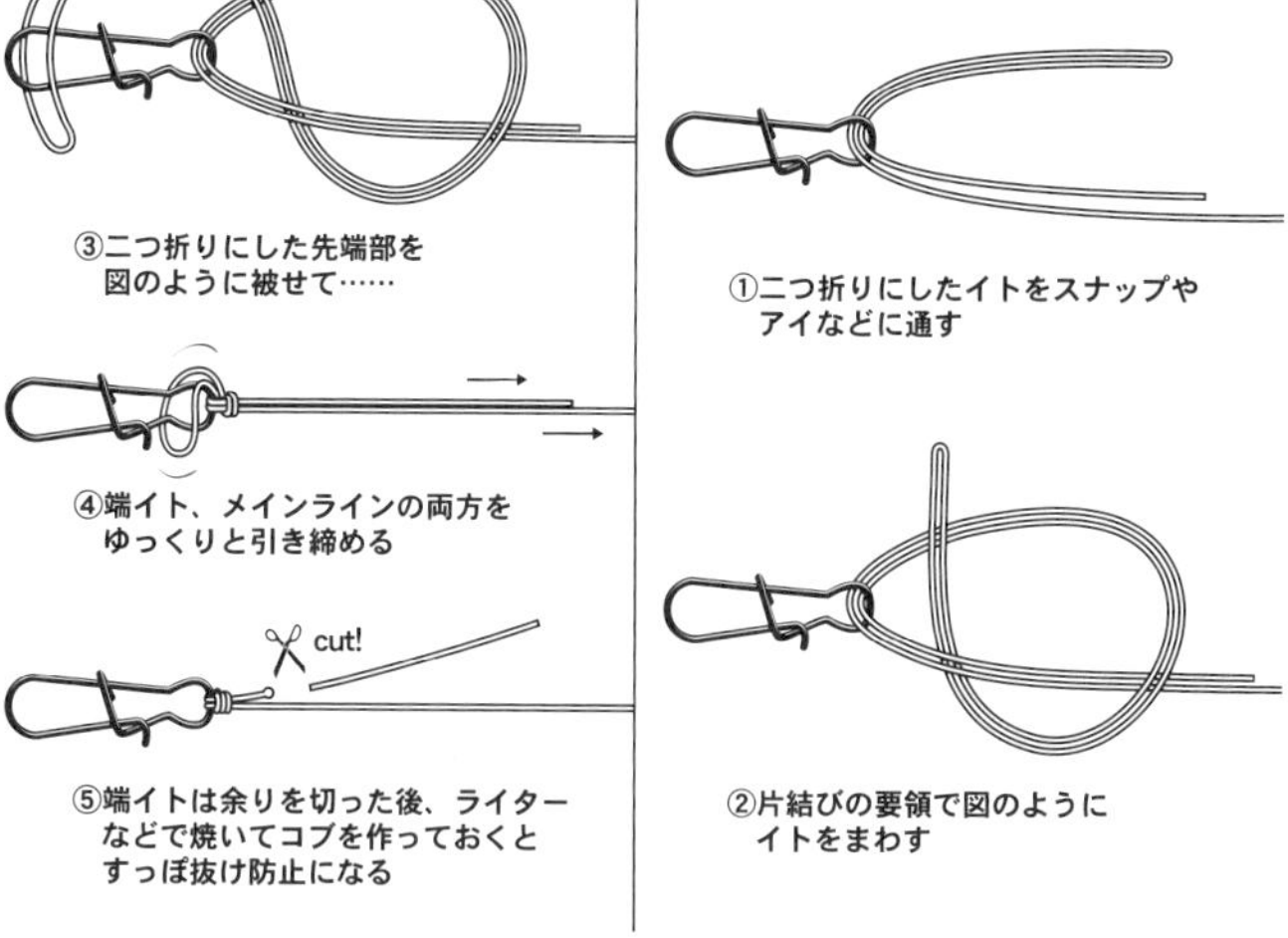
①二つ折りにしたイトをスナップやアイなどに通す
②片結びの要領で図のようにイトをまわす
③二つ折りにした先端部を図のように被せて……
④端イト、メインラインの両方をゆっくりと引き締める
cut!
⑤端イトは余りを切った後、ライターなどで焼いてコブを作っておくとすっぽ抜け防止になる

私のお薦めはパロマーノット。ラインの種類などによってノットの種類を使い分けたほうがいいと言う方もいますが、私は現在、バスフィッシングではすべてこのノットです。

パロマーノットのいい点は何より、結ぶ際（締め込む際）に生じる摩擦が少ないことで、ライン本来の強度を１００％近く使うことができることです。ラインにキズなどがない場合、ブレイクが起こるのはたいてい結節部です。以前は長いことダブルクリンチノットだったのですが、パロマーノットに変えてからのラインブレイクの少なさには改めて驚くほど。自信をもってお薦めできますし、簡単ですのでぜひ覚えてください。

シンカーの形状と重量のセレクト

シンカーも多種多様な形状と重さの物が店頭に並んでいます。しかし、ここでは、たとえば「ダウンショットリグにはダウンショットリグ用のシンカーを使います」といったことは書きません。同じダウンショットリグ用のシンカーであっても、その形状によって性能や用途が大きく違うこと。同じバレットシンカーであっても、その形状によってカバーの貫通性能やフッキング率さえも違ってくることについて書きたいと思います。

シンカーは、小さいながらも超重要なタックルですよ！

●テキサスリグ用（バレットシンカー）

どんなルアーやリグと比較してもスナッグレス性に優れ、カバーや障害物周りを好むバスという魚を相手にする以上、使用頻度の非常に高いリグがテキサスと言えます。

シンカーはパッと見すべてバレット（弾丸）型ですが、ロケーションによって適した形状が微妙に違ってきます。まずは、使用する場所がオープンウォーターなのか、それともカバーなのか。

オープンウォーターでテキサスリグをキャストするときは、水面下の沈み物をタイトに探ることが多いため、形状を選ぶ際のポイントは「シンカーの先端部」。ここがシュッとしていて細い物が適しています。なぜかといえば、この用途ではここが最初に障害物に接するからです。また、テトラの隙間などに入れてしっかり探りたい場合もこの形状がお薦め。シンカーの後端までスリムな細長いタイプを選びましょう。

反対にカバー撃ちに適しているのは、バレット型でありながら割とずんぐりしていて、重心が先端付近にきているタイプ。テキサスリグをカバーへキャストしたときにもっとも貫通性が高まるのは、シンカーとソフトベイトが一直線になって、シンカーの先端から突入したときです。そのため、重心が中央付近にくる細長いタイプよりも、やや太めで短めの物が適しているというわけです。しかし、あまりにも頭デッカチで径が大きい物は、フッキング時にバスの口をこじ開けることになり、すっぽ抜けの原因になってしまいます。というわけで、ドングリや卵のように、適度に先細りしている形がベストです。

形状だけでなく、バレットシンカーはソフトベイトと一体でひとつのルアーとしてバスに認識されるため、カラーに気を遣うことでバスを警戒させることなくバイトに至らせることができます。ソフトベイトに合わせたカラーのシンカーを用いるのが理想ですが、そこまでしなくても構いません。重要なのはフラッシングを抑えることなので、光を吸収するブラックやマットカラーにするだけでもバイト数が増えます。

●ダウンショットリグ用

ダウンショットは、私がシンカーの形状にもっともこだわるリグです。リグの下端に位置するシンカーが、ほとんど常にボトムに接しているため、このシンカーの形状如何でスナッグレス性能やボトムの探知能力が決まってくるからです。

障害物や起伏が多いボトムを探る場合、1番重要なのはきっちり物をかわしてくれる形状のシンカーを選ぶこと。これに該当するのが細身で棒状のシンカーです。

反対に、障害物や起伏が少ない平坦なボトムを釣る場合、それがシャローなら問題はないのですが、ディープフラットでは形状にこだわる必要があります。とくにディープのピンスポットにきっちりリグを止めておきたいとき、シンカーはお椀のような形状の物が適しています。このタイプは、シンカーを動かしたときにお椀の縁に当たる部分がボトムに引っ掛かりやすく、アンカーの役割を果たしてくれます。つまり、ボトムの感知能力も高いので、軽いウエイトを選択しても一度沈めてしまえばしっかり底をとることが可能となります。

極端なロケーションではこのように2タイプを使い分けますが、どちらにも当てはまら

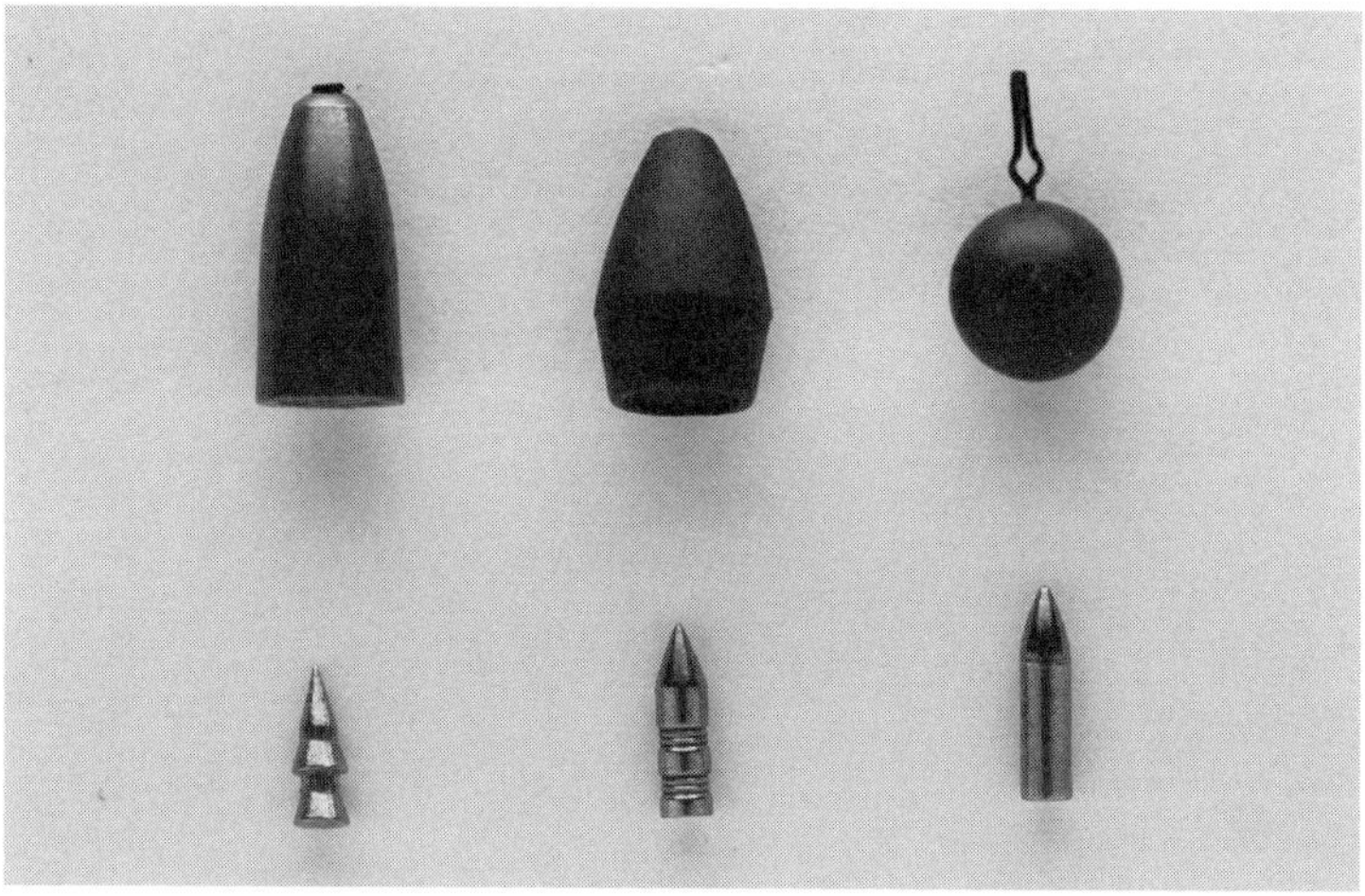

上段左から、テキサスリグ・ズル引き用のバレットシンカーと、同カバー撃ち用。細長いズル引き用よりも、卵型のカバー撃ち用のほうが、カバーへの突入時にソフトベイトの先端に重量が集中しやすい。右はダウンショットシンカーの基本である球形。ほかに棒状とお椀状（写真のシンカーの上半球をカットした半球状）などがある。下段はすべてネコリグ用シンカー。左から右へホールド力は弱くなっていくが、ソフトベイトへの挿入はしやすくなっていく

ない中途半端な条件のエリア（たとえば棒状ではすり抜けがよすぎてノー感じになり、かといってお椀型では根掛かってしまう場所）では、ふたつの中間的性能を有する球形のシンカーがいい働きをしてくれるでしょう。また、情報が少ないエリアではこの球形を先発させ、使用感によって棒状やお椀型へシフトすることをお薦めします。

●ネコリグ用（ネイルシンカー）

ソフトベイトに埋め込むタイプのシンカーなので、求められる性能はシンプルです。それは、ソフ

トベイト内部でのホールド力。キャストなどの衝撃で抜けたりしないことが大切です。基本的なシェイプは細い棒状で、ソフトベイトに差し込みやすいように先端が尖っています。そのうえでホールド力が強いのは、内部で引っ掛かるように複数の「角」（形状はさまざま）が設けられているタイプ。この「角」が、フックで言うところのバーブの役割を果たして、抜けを防止してくれるのです。

ほとんどの場合においては、この手のホールド力を重視したタイプがあれば事足りるのですが、「角」はソフトベイトに差し込むときも抵抗となります。そのため、素材が柔らかい物や細身の物に使用すると、ソフトベイトのヘッド部を破損してしまうことがあります。そんなときは、「角」のない表面がプレーンなタイプを用います。ただし、やはりホールド力の面では劣りますので、こまめなチェックが必要となります。

ジグヘッドについて

ジグヘッドは、シンカーとフックというそれぞれにこだわりたいパーツが一体になっているため、正直、私としては完璧に気に入った物とは巡り合えていません。

しかし、そうは言っても、ジグヘッドはフィネスフィッシングを行なううえで重要なアイテムなので、用途とタイプ別に紹介したいと思います。

●スタンダード

もっとも標準的なタイプであり、ボトムから中層のミッドストローリングまで幅広く使用することができます。しかし、ノーガードなので障害物に対しては非常に弱く、私の場合は自らガードを自作して使用することが多いです。

●オフセットタイプ

カバーにめっぽう強いのがこのタイプで、かなり強引にねらうことができます。自作ガード付きで手に余るようなカバーを釣るときが出番です。

●シェイキーヘッドタイプ

ワームキーパーにコイル状のワイヤーが付いており、これをワームの頭にねじ込んで固定。オフセットタイプと同様にカバーで活躍します。フックがストレートタイプなので、フッキング性能はオフセットタイプよりも遥かに上。アメリカでは、桟橋などをフィネスに探るために欠かせないアイテムとなっています。

●ジグヘッドワッキータイプ

既存のリグのなかではかなり新しい、ジグヘッドワッキー専用に設計されているタイプです。ワッキー掛けするワームへのダイレクトなアクションの伝わり方が重視された設計で、フックサイズはスタンダードに比べて小さめ。また、セットしたワームをフトコロでがっちりとキープするフック形状の物もあります。

ジグヘッドワッキーは、非常に多くのロケーションやバスの状態に対応してくれる汎用性の高さが魅力で、私も使用頻度の高いリグです。その特長をより活かすため、私はこのタイプのジグヘッドにはほぼ100%自作ガードを取り付けています。細手のピンバイスなどでヘッドに穴をあけ、そこにガードを1本差し込んで瞬間接着剤で固定するだけ。こ

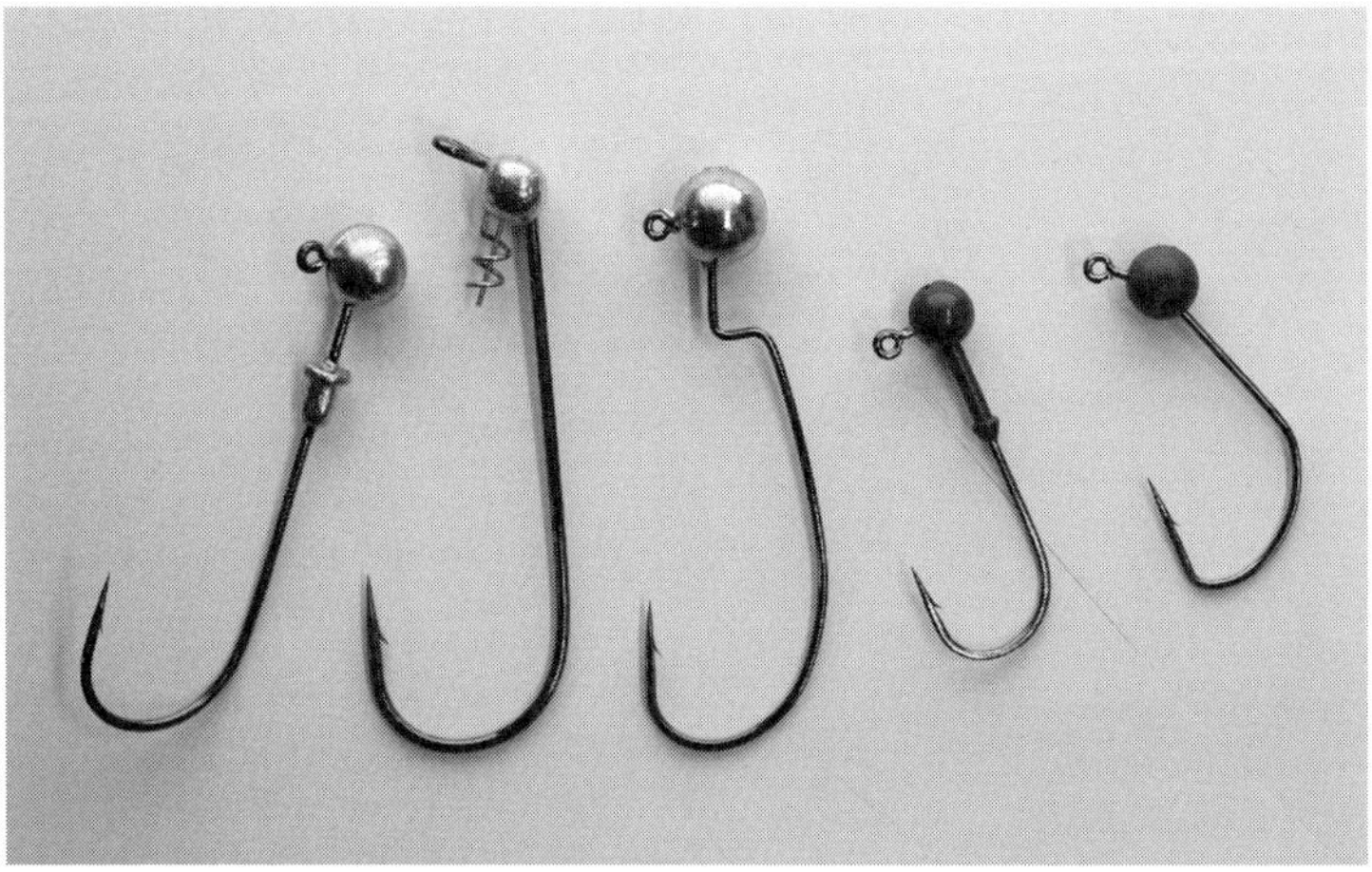

左からシェイキーヘッド、シェイキーヘッドから派生したコイルキーパー式、オフセットタイプ、スタンダード、ジグヘッドワッキー用。操作性が高い各種ジグヘッドリグはぜひ覚えたい。まずは各リグやロケーションに応じたタイプをきちんと選ぶところから

の簡単なひと手間で、障害物周りでもぐっと扱いやすくなりますので、ぜひ試してみてください。

●ラインアイの取り付け角に注目

以上のように、ジグヘッドにはロケーションやリグに応じてさまざまなタイプがあります。ルアーセレクトの基本どおり「適材適所」に使い分けて、ストレスなく釣りができるセッティングを見つけてください。

そのためのワンポイントアドバイスがあります。根掛かりしやすいというジグヘッドの欠点を解消するために、前述した自作ガードはとても有効ですが、それ以前に購入する時

点で、ヘッドに対するラインアイの取り付け角に着目してください。

ヘッドの重心と垂直にラインアイが取り付けられている「°90アイ」が多く出回っていますが、これが斜めに（°45前後で）取り付けられている物もあります。実はこうした物が、障害物にヘッドが接触した際、劇的な回避性能を発揮してくれるマジックアイなのです。より込み入った場所へジグヘッドを送り込みたい。起伏が激しいハードボトムを丹念に探りたい。そんなときは、ラインアイが斜めになっているタイプを使ってみてください。

ロッドは3要素をチェック

釣りザオは、魚種によってさまざまな専用モデルが販売されていますが、1魚種あたりのアイテム数が群を抜いて多いのがバスロッドでしょう。

ロケーションによる使い分けを基本に、ルアーやテクニック、バスの状態に至るまで、ロッドの選択肢は山ほどあります。ここでは、テーパー（調子。アクションとも）を基準に、パワーとレングスの意味についても書きたいと思います。

この項で基準とするテーパーについては、大きく分けて3種類があります。手もとのリールシートに近い部分、バットまで全体的にしなるスローテーパー。それよりも一段ティップ寄り、ベリー部分までは曲がりやすいレギュラーテーパー。ティップ付近が集中的に曲がり、張りがあるベリーと強靭なバットを備えたファストテーパー。この3種類です。

●スローテーパー

力をかけていくと胴の部分まできっちりと曲がっていくタイプで、おもに巻き物に用いられます。全体のしなりを活かしやすく、続けて安定したロングキャストが求められるような状況でもベスト。具体的には、クランクベイトやスピナーベイト、バイブレーションなどで広範囲を探る釣りに適しています。

また、特殊ではありますが、重めのフットボールジグをバーチカルに操作する場合など、ティップが入るロッドでは操作性が落ちるため、「ティップにもバシッとした張りがある」という意味で、全体的にハイパワーなスローテーパーを好むアングラーもいます。

●レギュラーテーパー

スローとファストの中間に位置するテーパーです。さまざまなロケーションで、あるときはハードベイトに、あるときはソフトベイトに使いたいという方は、このテーパーでパワーごとにロッドを揃えていけば間違いないでしょう。

私としては、このテーパーは中距離の釣りで出番が多くなります。ハードベイトでも、そこまで遠投するわけではないけれど、中間距離にあるスポットにきっちり落としてから引き始めたいとき。また、ソフトベイトを用いた釣りでも、ピンスポットで繊細に操作するのではなく、ズル引きやフォールが中心でなおかつ飛距離もほしい場合はレギュラーテーパーを使用しています。

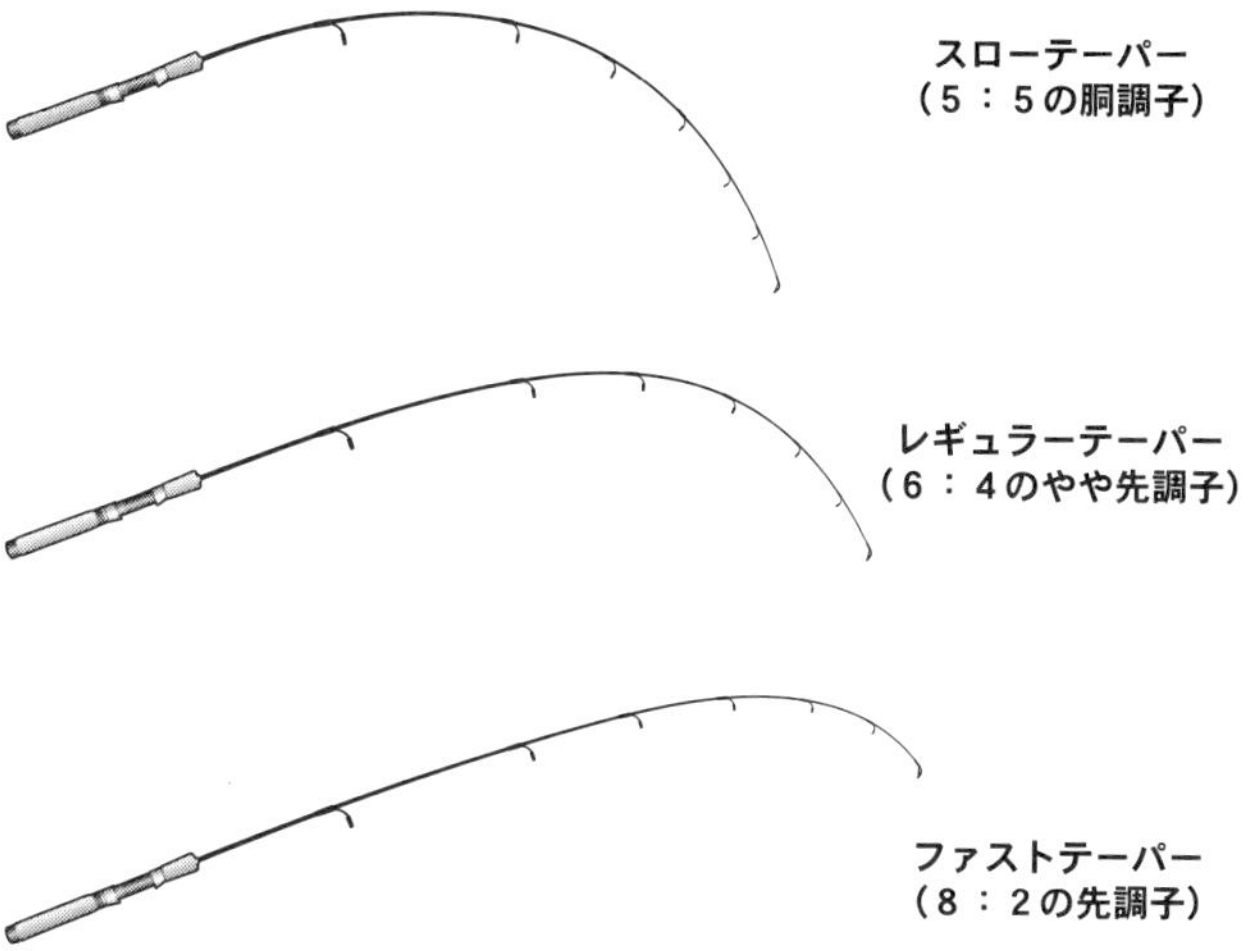
スローテーパー
（5：5の胴調子）
レギュラーテーパー
（6：4のやや先調子）
ファストテーパー
（8：2の先調子）

●ファストテーパー

ロッドの先端が曲がりやすくなっているタイプで、近距離でのピンスポットへのキャストのしやすさや、リグを細かく動かせるのが特徴。スピニングタックルでのライトリグを扱う釣りにはこのタイプが欠かせません。ワーミング以外でハードプラグでも、大雑把な巻きの釣りではなく、ゆっくりとしたボトムノックやトゥイッチには最適で、ソフトベイト、ハードベイト問わず近距離での細かな釣りには、サオ先が敏感に反応してくれるファストテーパーを多用します。

●パワー（硬さ）

硬さの規格は各社さまざまですが、表

記上は硬いほうがXH（エクストラヘビー）、軟らかいほうはUL（ウルトラライト）が一般的です。

選ぶ際の基準は、大きく分けてふたつ。ひとつはルアーの重さに合わせたパワー選びで、「釣れるキャスティングの重要性」を考えればこれがベストと言えます。硬いロッドで軽いルアーを投げようとすると、遠心力に頼った振り回し系の投げ方になってしまいアキュラシーは激低下。弾力が使えないということは飛距離も望めません。反対に、軟らかいロッドで重量級のルアーも投げにくいのですが、この場合は最悪ロッドの破損に繋がってしまいます。基本は、「投げやすく、操作しやすく、引きやすい」ロッドを選ぶことです。

ふたつ目はロケーションに応じたセレクトをすること。具体的にはカバーの有無。あるならその密度やディスタンスに応じて、カバーが濃いほど、撃つスポットとの距離があるほどハイパワーなモデルを選びます。

●レングス（長さ）

バスロッドは「ft（フィート）」と「in（インチ）」で表記され、最近では6～7ftが汎用性の高い長さとして多く用いられています。

レングスのセレクトは、「ねらうスポットとの距離」と「釣り方の精度」を基準に行ないます。「距離」に関してはシンプルに、遠投するなら長いロッドが、近距離でアキュラシー重視なら短いロッドが有利になります。また、遠投して掛けるということは、それだけ長いフッキングストロークが必要になる（ラインの伸び等も考慮しなければならない）ので、二重の意味で遠距離を釣るならロングロッドが適しているわけです。

次に「釣り方の精度」に関して。たとえ話として、私がふたりいるとします。もちろん釣りの技量はまったく同じ。そんなふたりが、ショートロッドとロングロッドでルアーを繊細に操作したとします。その場合、同じ手もとの動作でより細やかにティップを振ることができ、微妙な力加減が可能なのは、ショートロッドを選んだ私のほう。つまり、ロッドの長さがテクニックのレベルや釣果を大きく左右するというわけです。

以上の例から外れるのが、フリッピングやピッチングで行なうカバーフィッシン

私がデザインしたスピニングロッド、ファンタジスタ DEEZ のフィネスモデル（アブガルシア）。一般的なフィネスロッドと比較して、ベリーのパワーを強めに設定したファストテーパー。ライトリグの操作性とフッキングに重点を置いている

グです。いずれも近距離からの非常に繊細なプレゼンテーションが求められる釣りなのですが、使用するのは7ftクラスのロングロッド。フリッピング専用に設計された物のなかには、トーナメントレギュレーションいっぱいの8ftモデルもあるくらいです。

近距離で繊細、なのにロング&ヘビーなロッドが用いられる理由。まず、とくにフリッピングの場合は、「ロッドのレングス+両手を広げた長さ」を上限として、撃つスポットとの距離が決まってくること。ピッチングにおいても、ロッドにルアーのウエイトを乗せる際（ルアーを手もとへ引き戻す際）、ロングロッドのほうが遠心力を利かせてサオの弾力を引き出しやすいというメリットがあります。

そして、カバーフィッシングでもっともロングロッドのメリットが発揮されるのが、フッキングからランディングまでの間です。アワセと連動してリールを素早く巻くことは当然として、いち早くバスをカバーから引きずり出し、そして引き離すためには、ストロークの長さが重要だからです。フリッピングともなれば、合わせる・即・抜き上げる。ほとんどワンストロークでフッキングからファイト、ランディングまでを完結させることになります。

リールのギヤ比について

バスフィッシングで多用されるリールにはおもに2タイプ、スピニングリールとベイトキャスティングリールがあります。

スピニングリールであれば、メーカーごとの規格に若干の差はありますが、2000～2500番サイズが扱いやすいでしょう。もう一方のベイトキャスティングリールに関しては、形はロープロファイルと丸型があり、ボディーサイズはさまざま。また、使用感に大きく関係するスプール径やギヤ比の選択肢も多岐に渡ります。

いずれのリールも用途に応じて使い分ける必要があるわけですが、ここではその基準となって釣果に少なからず影響する、ふたつの性能について説明したいと思います。

●ギヤ比

ハンドル（メインギヤ）1回転に対して、ベイルアームやスプール（ピニオンギヤ）が何回転するかを表示したのが「ギヤ比」。たとえば「6：1」ならハンドル1回転でベイルアームやスプールが6回転するといった具合です（スピニングリールにここまでのハイギヤモデルは今のところ存在しませんが）。
ラインが巻き取られるスプールの径が同じ場合、ギヤ比が高ければ高いほど、ハンドル1回転あたりの巻き取り量はアップします。逆にギヤ比が低いと巻き取り量は減るわけですが、アングラーがハンドルを回すのに要する力は軽減されます。これは自転車のギヤ比と同じ理屈ですね。これらを踏まえて用途に合ったリールを選択することが釣果アップに繋がります（ミスが減少することで、トータルの釣果がアップするという意味も含めて）。

ローギヤとの比較でハイギヤの有効性を書くと（※ギヤ比以外の条件を同じくして）、ルアーをリーリングした場合、ハイギヤのほうが楽に高速で引くことができます。そのため、バスがハイスピードに好反応を示している状況や、速巻きでリアクションバイトを誘発したいときは、間違いなくハイギヤモデルが有効になります。リーリングにおけるローギヤのメリットはその逆。バスが低活性であるなどの理由から、スローリトリーブしたいときに有効となります。

以上はおもに巻き物でバイトを得るまでのそれぞれのメリットですが、バイトを得たあともそれぞれに長所と短所があります。それが顕著に現われるのが、障害物周りを釣るとき。掛けたあとにカバーや障害物に巻かれる怖れがあるロケーションです。

そんな状況で有利なのがハイギヤ。巻き取りの速さを活かして、掛けたバスを障害物か

ベイトリールから始まったバス用リールのハイギヤ化は、今やスピニングリールにも導入されている。ただし、何でもかんでもハイギヤがいいかと問われればNOだ。シビアな状況では、ノーマルやローギヤのリールが釣果に繋がることもある

らいち早く引き離すことができるからです。

しかし、気をつけなければならないのが、ラインブレイクや薄掛かり時の口切れによるバラシ。巻きスピードの速さ故にラインに掛かるテンションも強くなるため、そうしたミスが起こりやすくなるのです。

とくに真冬、バスの活性が低くてルアーにバイトしても反転しない（できない）状況では、何をどうしても掛かりが浅くなりがちです。さらに皮一枚を薄く拾っているだけのことも多いため、ハイギヤリールでファイトするとバラシの連発を招くことがあります。こういった状況ではローギヤのリールに助けてもらうのも大アリです。

魚探のお薦めは「1画面2周波数表示のGPS機」

ボートフィッシングでは、もはや当たり前の装備のひとつとなっている魚群探知機。これのあるなしで得られる情報量は桁違いです。しかし、この魚探を的確に使いこなせているアングラーは非常に少ないと言えます。魚探は水深計、GPSはスピードメーターと漠然とした機能のみに集中し、本当の力を生かしきれていない気がします。ここでは魚探の簡単な使い方やこれから魚探の購入を考えているアングラーに向けて説明していきます。

まず始めに、魚探でもっとも重要な部分である「周波数」の使い分けについて。周波数とはいったい何なのか。バスフィッシングにおいてはおもに107Hz、200Hz、400Hzという3つの周波数が一般的に用いられます。この周波数で何が違うのでしょうか。簡単に言ってしまえば、周波数が低いほどより広い範囲の映像を映し出しており、周波数が高いほどより狭い範囲を詳細に映し出しているのです

上記した3つの周波数であれば、107Hzは広い範囲を映し出してくれているため、ベイトフィッシュを探し出したいときや、大まかに地形変化を把握したいときなどに用られます。そして高周波の400Hzはよりピンスポットでのベイトフィッシュの反応や地

現在、私が愛用している魚探HE-840（ホンデックス）。107Hzと400Hzの2画面表示がとにかく見やすく、使いやすく、釣れる魚探。GPS機能も搭載しているため、気になったスポットもピンで記録することが可能

形変化を探っていくことができます。そして200Hzはその中間といったところです。

現在、私が使用している魚探は「ホンデックスHE840」というモデルで、107Hzと400Hzをひとつの画面上で2画面に分けて映し出してくれます。魚探を使い始めてかれこれ10以上経ちますが、この2画面タイプのホンデックス製が正直1番使いやすく、他メーカーの魚探に買い替えることなく使い続けています。

何故この1画面2周波の魚探を私が使い続けているのか。それは2周波を同時に1画面上で見ることでしか得られない情報があるからであり、瞬時に広範囲か

らピンスポットへ視点を切り替えられること、そして使い勝手がいいことが理由です。

たとえば広い範囲を107Hzで探ってベイトフィッシュの反応を探していったときに、ある程度の範囲を107Hzで見つけ、その周辺を400Hzで探り直せばより正確なベイトフィッシュの位置が判別できます。これはベイトフィッシュだけでなく、地形変化を探っていくときにも同じことが言えます。

こうしたより正確なベイトの位置や地形変化を探っていく一連の動作は、ひとつの周波数の魚探では行なうことができません。107Hzだけではある程度の範囲内まではたどり着けても、広い範囲を映し出してしまっているため、ボートから離れた位置の映像まで拾ってしまいます。そのため、常に真下にベイトがいると錯覚に陥ってしまうことも。一方、400Hzだけでも、あまりにもボート直下のピンスポットだけを映し出すため、目当ての物（とくにベイトフィッシュ）を探すのに時間がかかりすぎてしまうといった問題が起きます。だからこそ1画面2周波の機能は本当に素晴らしいのです。

2周波ならではの情報として、たとえばひとつのピンスポット上でボートをステイしていたときに、107Hzにはベイトが映っているが、400Hzにはなかなか映らず、ボートを動かすと400Hzにも映るものの一瞬のことで、またすぐに107Hzにしか映らなくなる、といった現象がよく起こります。

勘のいい方はお気づきでしょう。これはベイトフィッシュがボートの陰などを嫌がって、小さく移動しているのです。これは晴天無風の日に多い現象ですが、２周波ならではの情報と言えます。

また、１０７Ｈｚに映っていたベイトの映像が、４００Ｈｚにも映り込んできた途端に真下にあったルアーにバイトした、といった現象は、意図的にやれば「シューティング」というテクニックのひとつの形です。これをするには2周波でないと話になりません。ここまで書いてほかを進めるのも何ですが、それでもひとつの周波数だけで見たいという方には中間的な２００Ｈｚがいいでしょう。

さらに私が現在使用している「ＨＥ８４０」にはＧＰＳ機能も搭載されており、上記したような魚探で探し出した情報を、すぐさまＧＰＳで入力できるようになっています。これによって地形変化などは情報としてインプットすることができ、次に同じスポットへ入ることが容易になります。そのほかにも魚探で一定の水深を一定間隔でマーキングしていけば、画面上に地形変化を表わす（等深線を独自に描ける）など、使い方次第で可能性は無限です。魚探とＧＳＰの両機能を搭載したモデルは正直、値も張りますが、時間を費やして得た情報をしっかり保存できるということは、次回の釣行時の釣果にも影響しますし、確実に値段以上の価値があると思います。

ボートに乗って釣りをしてみよう

私もそうでしたし、ほとんどのバスアングラーがオッカパリからバスフィッシングを始めたことと思います。オカッパリにもオカッパリならではの面白さがあります。けれど、バスがいるエリアのイメージを持てても、なかなかそのすべてを探ることができません。ボートに乗ってバスフィッシングをすることの面白さは、想像したことのほとんどすべてについて答え合わせができること。フィールド全体を見通して、真のパターンを探せることでしょう。

そんなボートフィッシングも、各種レンタルボートから自前の大型バスボートまで、選択肢は多岐に渡ります。これを読んでくれている方も、レンタルボートに興味を持ち始めた方、そろそろアルミボートを購入しようかと考えている方、アルミからFRPボートへの乗り換えを検討されている方など、さまざまだと思います。

ここでは簡単ではありますが、主要なスタイルについて触れたいと思います。

●レンタルボート・エレキのみ（※船体10ft未満は免許不要）

レンタルボート＋エレクトリックモーター（エレキ）のスタイルは、亀山湖、高滝湖、笹川湖を始めとする千葉県・房総半島のリザーバーなどでお馴染みのスタイルです。また、富士五湖などではエリアが限定されるものの、その時々で自分が気になるエリアの最寄りレンタルボート店を利用すれば、かなりの範囲をカバーすることができます。

一式すべてをレンタルする手もありますが、その場合はハンドコントロールタイプのエレキしか選択肢がないフィールドやレンタルボート店もあります。というわけで、自前のエレキと、マウントをセットしたバウデッキがほしいところ。肝心なエレキのボルト（V）数では、レンタルボート用には12Vもしくは24Vをお薦めします。

12Vはバッテリーひとつで0Kの手軽さが魅力ですが、パワーは弱めで動ける範囲も狭くなります。24Vはバッテリーがふたつ必要ですが、パワーが強く、12Vと比べて動ける範囲はかなり広がります。その上にバスボート用の36Vモデルもありますが、レンタルボートではパワーを持て余してしまうのであまりお薦めできません。

ほかに、バッテリーをボートの後方に置くための延長ケーブルと、舵を取りやすくするためのラダーもあると便利。まずはこのスタイルでボートフィッシングに慣れてから、船外機艇へステップアップするのもいいでしょう。

●アルミ・小型ＦＲＰボート（※船体10ft未満かつ船外機2馬力以下は免許不要）

ここから念願のマイボートも視野に入ってきますが、船体サイズと船外機の馬力次第では免許不要で楽しむこともできます。ここではエレキのみのレンタルボートからのステップアップということで、要船舶免許のボートについて書きます。

大雑把に書くと、船体12ftクラス＋船外機15馬力前後、14ft＋25～40馬力がこのクラスに該当します。船体素材はアルミとＦＲＰ（ガラス線維を樹脂で固めた物）の2タイプがあり、一般的なのはアルミのほうです。

12ftのアルミであれば、普通車にルーフキャリアを取り付けることでカートップすることもできます。14ftになると運搬はトレーラースタイルになりますが、牽引免許は不要なので敷居はそう高くありません。14ftクラスのボートを手に入れれば、琵琶湖や霞ケ浦といったビッグレイクを除くと、日本のフィールドではもっとも使いやすいサイズと言えるでしょう。

湖によってはこれらのサイズを取り扱っているレンタルボート店もありますので、購入に踏み切る前にそうしたお店を利用して、機動力などを体感し、自分に合った船体サイズや馬力を選ぶ基準にするといいでしょう。

私も、プライベートや取材はもちろんのこと、フィールドによっては試合でもレンタルボートを利用する。とにかく水上に浮く手段として、レンタルボート店は強い味方。ここからステップアップしていくのが確実

●バスボート（大型ＦＲＰボート）

数あるバスフィッシングのスタイルのなかでもっともエキサイティングであり、憧れの対象でもあるのがバスボートです。が、購入するにはそれなりの覚悟と貯金が必要になります（笑）。

バスボートにもいくつかサイズがあります。16ft＋60～90馬力、17ft＋100～135馬力、18ft＋150～200馬力、19ft＋200～225馬力、20ft＋225～250馬力、21ft＋250～300馬力、そしてバスボート最大クラスの22ft＋300～350馬力とさまざまです。

ボートとはいえこれもフィッシングタックルですから、ロケーションに応じたセレクトが基本となります。フィールドの大きさごとに説明していきますと、琵琶湖や霞ケ浦クラスのビッグレイクをメインに釣りをするなら19～21ft、その他の日

本に多い中規模フィールドを釣るなら16～19ftが適当です。

琵琶湖や霞ヶ浦クラスのビッグレイクとなると、荒れたときを考慮すればより大型のボートに乗ることが安全性にも直結します。けれど正直、日本の中・小規模フィールドでは、もっとも小型の16ftクラスでも充分すぎるくらいの装備と言えます。とは言っても、高い買い物なのは間違いありませんけれど……。

それでもやっぱり自分でバスボートを駆って釣りをしてみたい！　というそんな方には、やはりレンタルボート店が強い味方になってくれます。ただし、とくに高馬力艇は、いきなり借りに行ってはいどうぞで操船できる代物ではありません。まずは乗り慣れている友だちと同船したりするのが無難でしょう。

また、私を含めたプロガイドを利用するのも手です。正直、自分の商売を抜きにしても、コレを上手く使うのがもっとも手っ取り早く、かつ安全・確実な方法です。ガイドでは、釣り方の手ほどきを中心に、「デカい魚を釣りたい」といった要望に可能な限り応じたり、休日に親子などで楽しむバスフィッシングのお手伝いをしたりするのですが、「バスボートの購入を検討している」というゲストにはその方面でもお役に立つことができます。具体的な要望・希望は多ければ多いほど一石二鳥、三鳥、四鳥……、という感じでお得になるのがガイドフィッシングだということも覚えておいてくださいね。

参ノ扉

釣果アップを促進する7キーワード

「クリアウォーターでバス釣りを覚えること」の利点

バスフィッシングを行なううえで、私がもっとも大切にしているのが「イメージ」をもって釣りをすることです。しかし、水中をイメージする力を純粋にそれだけで磨いていくのは相当に難しく、上達にかなりの時間を要します。

短時間で、しかも現実に近い精度のイメージ力を得るにはどうすればいいか。そのためには、実際のバスの反応やルアーアクションを見ながら釣りをするのが手っ取り早い。つまり、クリアウォーターに通い込むことが近道となるのです。

マッディーウォーターは、ほぼ100%イメージの世界。それに対してクリアウォーターは、水深次第ではすべてが丸見えになります。だからこそ難しい部分も多々ありますが、バスがルアーにバイトするまでの一部始終を目撃することは、まさに百聞は一見に如かず。たった一度でさえ、上達のための大きなヒントになることは間違いありません。

たとえば、「食わせ」と「リアクション」の2要素では、バスのルアーに対する反応や食い方がまるで違います。このふたパターンを目撃できれば、釣れるアクションの何たるかが理解できます。また、見えバスを観察するだけでも、この魚が物に対してどのように

「不用意に水際に立ったら、足もとの物陰からバスが飛び出して逃げていった」。学ぶことの多い体験だと思う。水中でこうしたことが起こっていると「実感」できるのも、クリアウォーターならでは

つくのかや、どの程度の距離でアングラーのプレッシャーを感じるのかがわかり、障害物等への接近の仕方や距離感を学ぶことができます。

それと重要なのが、ルアーとラインが物にコンタクトしたときの感触やボトムマテリアルを理解できること。これをクリアウォーターで掴んでしまえば、マッディーウォーターでも、見えない障害物の正体や大きさ、ボトムマテリアルが砂なのか泥なのか砂利なのかといったことを、１００％的中させることができるようになります。

これらはいわばバスフィッシングを組み立てるうえでの基本情報であり、習得できればその後の上達速度が一気に早くなります。「クリアウォーターは苦手」といった声もよく耳にしますが、ならば好きなマッディーウォーターでさらに釣果を得るためにも、ぜひクリアウォーターという最高のバスフィッシング教室に通ってみてください。

「イマジネーション」の重要性

前の項でイメージについて簡単に触れましたが、ここでもう一度、そこに重点を置いて書きたいと思います。

イメージと言っても内容はさまざまで、ルアーのアクションや、バスのシーズナルな動き方、ストラクチャーに対してどのようについているか、プレッシャーなどを考慮したうえでルアーにどんな反応をするかなど、漠然とではなく、より具体的に、理論的にイメージすることが重要となります。そのビジョンを明確にして釣果を重ねることが、いわゆる「再現性の高い釣り」と言えるでしょう。

イメージの入り口として誰もがやっているのが、足もとでルアーを泳がせたり、シェイクしたりして、「へぇ～、こんな動きするんだ」と確認するアレ。私は、この行為が非常に大切なことだと思います。自分が投げているルアーの動き方を知ることで、アクションのつけ方は変わるはずです。それなのに、自分がキャストしているルアーの動きをまるで把握せずに釣れたとしても、いわゆるマグレとしか思えません。

この程度の力加減でシェイクしたらこう動く、ズル引きしたらこう、ハング&オフの瞬間はこう、といった具合に、自分のサオ捌《さば》きに対してのルアーがどうアクションするのかがわかっていれば、実際にバスがバイトしてきたときに、「このアクションで食ってきた」というイメージを鮮明にすることができます。それが、そのルアーだけが作り出せるアクションであれば押し通せばよく、「このアクションに反応するならコレのほうがいいはず」と思えたなら、素直に新しいことを試してみればいいでしょう。いずれにしても、次の1尾に繋がるイメージに違いありません。

ルアーのアクションに限らず、ねらうスポットにいるバスの状態をイメージすることも、高度ですが非常に重要です。これは別項に書いたとおりですが、最終的には、止水域で「バスの頭の向き」までイメージできるようになったら、相当な上級者と言えます（バスを含む多くの魚は、上流へ頭を向ける「走流性」を持っていますので、リバーフィールドではイメージしやすく、釣果にも直結しやすい傾向があります）。

もちろんイメージどおりにバイトがあるとは限りません。けれど、自分の試していることがはっきりしていれば、「次はこんな条件のスポットを探ってみよう」「このルアーのこんなアクションならどうだろう」と次の一手へ釣りを展開していくことができます。そうしていよいよバイトを得られたときはイメージが出来上がっているため、バスのポジションや反応の仕方が手に取るようにわかるはずです。

1日の釣果が1、2尾止まりで、釣れてもなかなかパターン化できないアングラーは少なくないはずです。そういう方にこそ、何でも構いませんからまずはひとつ、イメージをもって釣りをすることを強くお薦めします。そのひとつを膨らませることが、きっと上達の糸口になるでしょう。

私が考えるバスフィッシングで上達するための基本姿勢は、「自分のすべての行動に対して理由をもつこと」です。そうしてイメージどおりに釣った経験を重ねれば、際限なく面白くなっていくのがバスフィッシングです。

パターンが見えていないときは「とにかく1尾目を早く釣る」ことを優先するのが私のやり方。釣ることで掴んだ「何か」を取っ掛かりにイメージを膨らませていく

「メインのエサ」は魚類?甲殻類?

バスが捕食するベイトフィッシュの種類は湖や時期、またエリアによってもさまざまです。しかし、細かい種類を抜きにして、大きく魚類か甲殻類かがわかっているだけでも、ルアーセレクトの大きなヒントになります。

その時、その湖で、バスが何をメインベイトにして捕食行動を起こしているかは、エリアやルアー選びといったパターンを模索していくうえで重要なファクターとなります。メインベイトがわかっていれば、それが多く生息するエリアを選べばいい、という意味がひとつ。そして、メインベイトにルアーを合わせることができれば、食わせるのに意外と苦労はしない、という意味もあります。

ここでは、メインベイトの違いでどのようなルアーが効果的になってくるのか。日本の湖でパターンに影響しやすいベイトフィッシュ2種を例に説明したいと思います。

●ワカサギ

関東以北の魚というイメージがありますが、西日本のフィールドにも放流が行なわれており、大きな群れを作る習性からバスの食性に影響しやすいベイトフィッシュです。特定のエサを偏食している状態のバスをルアーに反応させるのは難しいのですが、ワカサギ食いのバスもやっかいで、あの細長いシルエットにルアーを合わせることが欠かせません。

ワカサギに関しては、ルアーメーカーのほぼすべてがそのものズバリを意識したカラーを販売しています。なかには、パールベース、ゴースト系、ホログラムやレーザー系といったバリエーションを取り揃えているメーカーや、湖ごとの特徴的なワカサギカラーをラインナップしているところもあります。ここからわかるのは、それだけワカサギというベイトフィッシュが全国区であるということ（需要がなければメーカーはラインナップしませんので）。そして、ワカサギを捕食するバスがセレクティブであり、きっちり色合わせをすることに意味があることもうかがえます。

技術面でいえば、ワカサギパターンは「レンジの釣り」です。ワカサギは基本的にディープの魚ですが、冬から春にかけては産卵のためにシャローへ上がって来ます。そして、ほぼ同タイミングで似た行動をとるバスとリンクして、強烈なパターンを成立させるファクターとなります。

ちなみに、この段階でいう「レンジの釣り」とは、「中層で細かくレンジを合わせる釣り」のことではなく、そのときのバスが「水面に反応するのか」「中層なのか」それとも

「ボトムに反応がいいのか」といったものです。お魚系のリアルソフトベイトを用いたトップウォーター、中層では浅いレンジ用のミノー、やや深いレンジ（エリアによってはボトムまで）を担当するシャッド、ジグヘッドリグのミッドストローリングは、浅ければ1/32oz、深ければ1/16ozといった具合です。まとめると、ワカサギパターンでキーになるのは、ルアーのシルエットとカラー、そしてレンジの3つということになります。

●エビ・ゴリ系

エビは甲殻類、ゴリは魚類と違う種類のベイトフィッシュですが、いずれも基本的にボトムや障害物に張り付くようにして生活している点や、ハードマテリアルを好む点などが共通するので、必然的に生息場所が重なります。そのためバスは両方を食べているケースが多く、パターンの要因としては、この2種はひと括りにすることができます。

そんなエビ・ゴリ系パターンは、特別な状況を除けばほぼ完全にボトムの釣りとなります。ちなみに消去法的にファストムービングがいっさい効かないときは、このいずれかがバスのメインベイトになっている可能性が高いと考えられます。というわけで、エビ・ゴリ系パターンにはおもにソフトベイトを用います。具体的にはスモールラバージグ＋3inグラブ、ショートリーダーのダウンショットリグ、ネコリグ、ジグヘッドワッキーリグなど。ロケーションに応じて根掛かりしにくいリグを選び、丁寧にボトムを探ることが肝心です。ソフトベイトはコンパクトなシルエットの物がいいでしょう。

以上はパターンに関係する例のほんの一部ですが、当日のパターンが中層（ファストムービングも含む）なのか、それともボトム（ソフトベイトが優勢）なのかを魚類と甲殻類の観点から判断するのは基本中の基本と言えます。

初めて訪れるフィールドであっても、事前情報としてそのフィールドに多い生物だけでもわかっていれば多いに参考にできますし、それさえわかっていなくても、当日の釣り場を観察することでベイトフィッシュのイメージを膨らませることが可能です。

それらを元にしたルアーセレクトには意味があります。バイトを得られたら、そのルアーをセレクトしたイメージは現実とリンクしている可能性があるので、さらにパターンを詰めていく足掛かりとなります。また、最初のイメージで答えが出なくても、闇雲なセレクトではありませんから、何かしらの情報が得られます。

「バスがルアーにバイトする」ということには、程度の差こそあれ、そのときおもに捕食しているベイトフィッシュの動きや生息場所などが関係していることを覚えておいてください。

初めての釣り場に立ったら「まずどこに目をつける」べきか

まず、焦らないこと。場所、レンジ、ルアー、アクションなど、すべてをいきなり繋げようとするのではなく、何かをしたらひとつ、また別のことをしたらひとつ、という具合に、情報を積み重ねていくのが基本姿勢です。

釣り場に立つ前にしておくのは、シーズナルパターンをベースとした大まかなエリアの絞り込みです。そして、そのエリアに到着してからまずすべきことは、バスがついていそうな目立つ障害物やカバーを探すこと。そして、それらを探る優先順位をつけます。基本的に、バスにとっては規模が大きいストラクチャーのほうが魅力ですから、シンプルに大きさで探る順番を決めてしまってかまいません。

目をつけた障害物が3つあるとします。それがカバー、杭、岩の3種類で、どれかひとつでしか釣れなかったとしたら、それは次の1尾に繋がる情報です。すべてで釣れたとしたら、そのエリア全体が大当たりでしょう。逆に、どれもノーバイトだったら。ここで選択が分岐します。ひとつは、そのエリアを選んだこと自体が大外ししていると考えて、移動する。もうひとつは、エリアへの自信を揺らがせず、バスが何か特殊な状態にあると考えて、ねらい方を変える。これはもう状況次第ですが、シーズナルパターンに基づいたフィールドの見方が出来ていて、はっきりとしたマイナス要因がない限り、手を替え品を替えて、初期の段階から応用的な釣り方を試してしまうのも手です。最初からタルい展開になりはしますが、パターンが見えてくればそれでよし。ダメなら、バスがイメージした状態にない（その時期に有望なはずの要素を求めていない）のかもしれないという大きなヒントが得られます。

別のケースとして、同種のストラクチャーが3つある場合。大きい岩、中くらいの岩、小さい岩があるとします。シンプルに考えて、釣れそうなのは大きい岩です。が、バイトがあったのは小さい岩。この場合、岩がいいのではなく、その小さい岩がある地形的な特徴に着目します。ほかの岩と比べて立地に大きなプラス要因がないか。それが、単体では魅力に欠ける小さい岩を、大きい岩に勝るストラクチャーにしている可能性があるからです。それが何か明らかであれば、もう岩という要素にこだわらず、その地形にある何かを釣っていけばいいのかもしれません。

以上の流れは一例ですが、何においても基本に忠実であることが大事。これを守りながら展開していけば、手詰まりでやることがない状態には陥らないはずです。

「ズル引き」こそ究極の基本

最近では、ソフトベイトの各種リグ（以下、リグ）がさまざまなアクションで用いられるようになりました。しかし、アクションをつける以前に大切なことがあります。これが出来ていなければ特殊なアクションなど無意味。また、これを基本としなければ、応用に進むことは出来ないはずです。

そんなリグのアクションの基本であり、釣果を得るうえで究極の操作とも言えるのが、実は「ズル引き」なのです。水中のリグが、自分の思ったとおりにアクションしているか自信がないアングラーは少なくないと思います。そんな悩みも一発解決してくれるのが、ズル引きの習得でもあります。

「ズル引きなんて簡単だよ」と思われた方も多いことでしょう。それはたしかに、1/2ozのラバージグを使えば、中級者以上なら誰でもできるでしょう。しかし、これが1/4ozになっただけで話は違ってきます。「1/4ozでも簡単」と思っている方のおそらく半数近くが、ボトムをとり続けることができていません。とくにダウンヒルでズル引く（斜面を上から下へズル引く）場合、水中ではジグがボトムから浮いてしまう瞬間が出てきます。それは、

ライトリグをシェイクしながらダウンヒルでズル引く——。
水面下のルアーを操作する場合、アングラーのロッドワークは
どんな動作であれ、ルアーとラインを上に引っ張る力として作
用する。つまり、リグが浮いてボトムとのコンタクトが弱くな
りがち
ズルズル
加えてルアーが軽量に
なればなるほど、難易
度は飛躍的に高まる

斜度の緩いバンクを探るときは目立たない技術的「粗」ですが、バンク角がキツくなるに従ってノー感じになっていき、そのことが急峻な斜面に囲まれたタイプのリザーバー全般に対する苦手意識にまで繋がっていきます。さらに、ジグのウエイトが1/8ozともなれば、傍目《はため》に見ていてもまったくボトムをとれていない人が大半を占めるようになります。

単純にズル引きと言っても、常にボトムをとり続けるのは難しく、出来ていると勘違いしているアングラーが多いのです。この実は高度なズル引きがライトリグで完璧に出来るようになったら、上級者の領域へ一歩踏み込んだといっても過言ではありません。

では、どうすれば出来るようになるのか。それは、ワーミング全般の基本中の基本ですが、「ラインの動きを見る」「ラインの動きからリグの状態を知る」ことです。基本中の基本とはいえ、最近ではこのことを紹介している雑誌もＤＶＤもほとんどないので、重要性や意味を知らないアングラーさえいるようです。

例を挙げて説明します。「ライトリグを用いて、斜度のキツいバンクをダウンヒルでズル引いている」とします。ライトリグでダウンヒルですから、ボトムの感触が明確にコリコリと伝わってくることは期待できません。つまり、リグがボトムについているかいないかは、ラインの動きで知るしかありません。イメージでは、リグがボトムについていて、きっちりズル引けているはず。しかし、ラインテンションを抜いて水面に浮いたラインを見ると、スルスルと水中へ引き込まれていく――。これは、リグが浮いていたから起ることです。

この確認作業を丁寧に行ないながら、適切な経験を積み、正しい感覚を掴むことで、自分が行なうロッドワークでどの程度リグが浮くのか、どの程度に引く速度を抑えれば急傾斜をズル引けるのかがわかってきます。つまり、ボトムをとることのみならず、中層で思いどおりのレンジを引けるようにもなるというわけです。

究極は、脳内のイメージと、現実のリグの状態との一致。ここまでコントロールできる

スモラバ+ 3in シュリンプ（ゲーリーインターナショナル）は、試合での使用頻度が高い組み合わせ。ラバーの抵抗があって、雑に扱うとフワフワ浮いてしまうこのルアーで、急傾斜のバンクをダウンヒルでズル引けるようになったら本物

ようになれば完全な上級者であり、ズル引き＋シェイクなどの複合動作を行なっても、イメージと現実にズレが生じなくなります。

ズル引きの難易度は、深いレンジで行なうときほど高く、またバーチカル（アングラーの真下にルアーがある状態）に近くなるほど浮きやすく、ノー感じになっていきます（ルアーを引く向きが横方向から上方向へ変わっていくため）。そんなことも念頭において、リグ操作の超基本であるズル引きを見直してみてください。

私たち人間が道端に落ちている食べ物を口にしないように、バスもいるはずのないところにいるエサ（ルアー）には違和感を覚えてなかなか口を使おうとしません。では、エサがいておかしくないところとは？　それが多くのケースにおいて障害物周りやボトムであり、ズル引きが釣れる大きな理由なのです。

なかなかできない「ステイと速巻き」

昨今のハイプレッシャー化が進んだフィールドでは、何においても中途半端がいっさい通用しない状況が多々あります。

「一定」のアクションに徹することも、それが通じないときに「ここぞというスポットでのみイレギュラーアクションを入れる」のも、食わせなら食わせに徹し、リアクションならその効果を最大限に発揮させるためです。そして、これらの延長線上にあって、さらに極端なルアー操作に「ステイ」と「ファストリトリーブ（速引き・速巻き）」があります。

要は、ルアーを「止めておくこと」と「高速で引くこと」なのですが、この単純な作業も意外や意外、釣果に結びつくようにきっちりやるのは難しかったりします。たとえば、雑誌などで「回収時並みの超速巻きが有効！」といった記事を読んで、そのとおりに釣った経験のある方がどれだけいるのか、ということです。

まず「ステイ」に関して。サスペンドプラグを用いた「中層でのポーズ」はこれに当てはまりません。なぜなら、どれだけきっちりサスペンドチューンしたプラグも、ポーズ中に沈んでいくラインの重みが加わって沈んでしまい、完璧に同じ場所に止めておくことはできないからです。

というわけで、ここで説明する「ステイ」には、各種リグやラバージグを用いるものとして読んでください。まず、このステイの釣りですが、流れや波風は大敵です。ラインテンションを完全に抜いてしまえば、理屈のうえではルアーはステイしてくれるのですが、強い流れなどがあるとどうしてもラインが張ってしまい、シンカーごと流されてしまうといったことが起こります。その際の対策としては、抵抗に負けないくらいシンカーを重くすること。そして、ラインにかかる水圧を抑えるため、ラインの径を小さくする（細くする）といったことが挙げられます。

ただし、です。上記した対策には根本的なところで無理があります。

ほかの釣り方と比較してステイがもっとも効果的な状況とは、相当なタフコンディションであることが考えられます。そんなときに「ラインテンションを完全に抜く」ことをしていては、バイトを察知することができません。よほどタフでも水面に浮いたラインの変化をしっかり見ていれば大丈夫なものです。が、「ステイが効く」というデッドスローな条件下では、目に見えるほどのアタリがラインに現われないことがあります（ルアーをくわえたバスがその場にジッとしているなど）。そのため、「手もとに伝わる違和感」を捉えることが重要になってきます。

ステイさせるにはラインテンションを抜きたい。バイトを感知するにはラインテンションを張りたい。このジレンマを解消してくれるのが、いわゆる「張らず弛めずの状態」です。

「張らず弛めず」といっても、実際のラインテンションは限りなく「ゼロ」。だから、ルアーはステイしていますし、そのステイ中のルアーに「何か」が影響すれば、ラインテンションには「ゼロからイチへ」の変化が起こります。それは、非常に些細な変化ではありますが、たとえば「イチから二へ」の変化、つまり「弱から強へ」の変化よりも遥かにわかりやすいはず。なぜなら、「張らず弛めずの状態」に起こるのは、違和感として察知しやすい「無から有へ」の変化だからです。余談ですが、操作系のルアーやリグでよく釣るアングラーは、操作の端々に「食わせの間」として、この「張らず弛めず」の状態を作っています。

つまり「ステイ」は、「ラインを張らず弛めずの状態にいかに保つか」が問われる釣り方ということになります。これを上手くやるためには、ラインの重量（具体的には太さ）と、ルアー（シンカー込み）の重量とのバランスが取れていることが大前提になってきます。

ラインのポンド数が高ければ、それだけステイ中に水中で生じたタルミも重くなって、ルアーを手前に引っ張ってしまい、そのためルアー（シンカー）にもある程度の重さがないとステイは成立しません。

どちらに基準を置くかはケース・バイ・ケースですが、重いルアーを用いるなら重い（太い）ラインも使うことができ、軽いルアーを用いるならラインも軽く（細く）する必要があります。

そして、ロッド捌きも重要です。ステイ中にロッドを立てて高く構えてしまうと、その分、ラインに大きなタルミが生じて、ルアーを手前に引っ張ってしまいます。引っ掛かりを探すなど、ステイの前段階としてロッドを縦に捌くのはアリですが、ステイ中はロッドを低く、ティップを水面に近づけて構えることでタルミを最小限に抑え、より確実にステイさせることができます。

次に速巻きに関して。この操作も単純にリールを速く巻けばいいだけだと思われがちですが、リアクションバイトを誘発するためのキーを外してしまうとまるで釣れませんのでご注意を。

「速巻き（速引き）」というくらいですから、ルアーが高速で動いていることは大前提です。しかし、その「速さ」の演出に欠かせないキーが存在するのです。

まず、ルアー。「超」がつく速巻きに対応して「真っ直ぐに泳ぐ」ルアーというのは、実は限られています。そして、それらを選んだだけでもまだ不充分。トゥルーチューンをしっかり行なって、「釣れる状態」にしてあげなければなりません。

また、リールの選択も重要です。ローギヤのリール（ハンドル1回転当たりの巻き取り量が少ないリール）で一生懸命巻くと、どうしてもロッドがブレがちになり、それがルアーの直線軌道を歪めてしまう（「一定」でなくなる）ことに繋がります。

そして、ロッド。速巻きは、タックルセッティングを間違うとミスが頻発するテクニックです。高速で動くルアーにバスもそれなりのスピードでバイトするわけですから、浅掛かりになりやすく、加えてアタった瞬間の衝撃が大きいので、即バレてしまいます。その対策として必要になるのが、巻き物に特化した軟らかいロッドです。

「ステイ」も「速巻き」も、言葉から受ける印象は簡単です。が、シンプルな操作ほど奥が深いもの。いずれも中級者から上級者へのステップアップにぜひ習得したいテクニックですので、ぜひ真の「ステイ」と「速巻き」を練習してみてください。

「シェイクやジャーク、トゥイッチ」などの出しどころ

ルアーの操作方法はさまざまです。では、どんな場面で、どんなアクションをルアーにつければいいのでしょうか。バスを反応させるアクションが、大きく「食わせ」と「リアクション」に分けられることを書きましたが、ここではそうしたアクションの出しどころについて書きたいと思います。

まず、アクションの基本は「一定のリズムで一定のアクションを与え続ける」ことです。初めて釣りをするアングラーがいきなり爆釣する、いわゆるビギナーズラック。しかし、これは、いろいろな意味で単なるラッキーでは片付けられない現象です。この項のテーマに関して言えば、初級者は知識も経験もないため、アクションが一定にならざるを得ず、それが好釣果に繋がっていることが多々あります。

それは、傍目には変なアクションのつけ方なのかもしれません。が、「一定である」ということには、それほどの威力があるのです。バスは一定のリズムや動きを保っているルアーに弱い（反応してしまう）魚です。たとえば、ビッグベイト。視覚的アピールと集魚力が強いこのルアーには、バスのチェイスが多々あります。しかし、一定のスピードで巻

ルアー操作の基本は「一定」のアクションをさせること
イレギュラーなアクションをつけるなら、ここぞというスポットで

いているときは追ってきていたバスも、アングラーがそれを目視して余計な動作（止めたり、スローダウンさせたり）をした途端にUターンしてしまいます。

一定を保つことが重要なのはただ巻きだけではありません。シェイクにしても同じで、一定のリズムで一定の強さと一定の移動距離でシェイクを続けることがキモです。さらに、ジャークやトゥイッチも理屈はいっしょ。これらの操作は、時間の長短にかかわらず「ポーズ（静止）」とのコンビネーションで行ないます。たとえば「2ジャーク&1ポーズ」で操作するとしたら、ジャークの強さを一定に、ポーズの長さも一定に、ワンサイクルのリズムも一定に保ちます。

ある程度の経験を積むと、「ワンキャストのなかで」いろいろなアクションを試したくなります。が、これこそが時として初級者にボロ負けする原因なのです。アクションを工夫するのはいいことです。けれど、それをワンキャストのなかで行なうのはNG。ワンキャストのなかではあくまでも一定を保ち、また「コレではない」と思えるまでは、同じアクションを試してみてください。工夫するのはそれからです。

こうして、バスが「一定」に弱いという実感と釣果を得られてから、次のステップへ進みます。それが、一定が通用しない場合の「イレギュラーアクション」。これを用いるのは、たとえば「ここには絶対にバスがいるはずなのに食ってこない」というピンスポットです。

そんな状況では、例外的に「ワンキャスト内で1回だけ」、アクションに変化をつけます。繰り返しますが、「ねらったピンスポットで1回だけ」。これは絶対です。ルアーを引くコース上の、ここぞ!というスポットにルアーが差し掛かった瞬間、意図的に「一定」を乱す操作をします。

これはあくまでも裏技であり、この操作を行なうことでバイトを遠ざけることのほうが多いのを忘れないでください。そのリスクを理解したうえで行なうならば、「一定」に反応しないバスを釣るために有効な手段になってくれるはずです。

四ノ扉

「自称中級」が落ちる穴

自分の中の常識を破ろう

中級者が陥りやすい、陥ってしまっていることが多い、自分の常識。自分の常識と言うと聞こえは悪くありませんが、要は、釣り方や考え方が凝り固まってしまっている状態です。ある程度の経験を積んできた中級者レベルであれば、自分の好きなルアーやフィールド、その中での好きなエリアなどが存在していると思います。それらが意外に上級者へのステップアップの障壁となっているケースが多いのです。

新しいルアーを購入するものの、いざ釣り場で最終的に頼るのは結局いつものルアーといった具合に、新しい何かを得ることができなくなってしまう……。新しいスポットを開拓しようとしても、いつものよく釣れた実績があるスポットにへばり付いてしまう……。「相手は自然だから、まったく同じ状況など2度と起こらない」とわかってはいても、そのとおりに行動できない……。

それでも、魚が釣れないことはないでしょう。けれど、バスはその日その日で動きを変える魚であり、一生釣れ続くスポットなど存在しません。しかし、です。物や場所への執着から逃れられなくなってしまう。これが中級者が陥りやすいブラックホールであり、ここを脱したアングラーだけが上級者へとステップアップを果たすことができるのです。

凝り固まった自分の常識の破り方は簡単ではありますが、勇気が必要。それは、「過去の釣れた実績を完全リセットすること」です。

常に新たなルアーやスポットへ積極的にチャレンジしていく！　同じことを繰り返していたら、同じ答えしか返ってきません。実績がないことを試すのですから、失敗も多いことでしょう。けれど、そこから返ってきた答えは新たな知識となります。言ってしまえば、これを繰り返していくことそのものがステップアップなのです。

すべては「適材適所」。場所やルアーの選択を常にリアルタイムに行なえるのが上級者です。それらを選択するとき、過去に釣れたイメージが頭にこびりつき、それに従って無意識に動いているとしたら、あなたは中級の大きな壁にぶつかっていることになります。思い出からバスを探すのではなく、現状のフィールドからバスを探し、スポットやルアーを選択していきましょう。

自分がキャストしているロケーションを認識すること。そこで自分がどんな状態の魚をねらっているのか目的意識をはっきり持つこと。そうしてとにかく考え続ければ、ただ実績があった、というだけの理由で同じ釣りに縛られることはなくなるはず。それと、新しいことへの興味を失わない！　たとえば本稿執筆時点では、「ベイトフィネス」が一般化しつつある。出しどころを抑えておけば、これは間違いなく武器になるタックルだ

キャスト精度の重要性

釣り全般の基本中の基本、魚がいるところへ、もしくはそこを通るコース上へ的確にキャストできなければ釣れません。パターンが見えていて、バスの居場所がわかっていたとしてもです。

届かなければ釣れないという意味では飛距離も重要ですが、同時に精度も高くなければやはり無意味です。この「キャスト精度」の重要性は、フィールドによって露骨に違ってきます。琵琶湖や山中湖など、オープンな場所にバスが多い湖では重要性が低いものの、霞ケ浦水系に代表されるような、浅いショアラインに有望なスポットが多いフィールドでは、キャスト精度の差が釣果にも歴然とした差となって現われます。

私が所属する日本最大のバスフィッシングトーナメント団体JB、その最上位カテゴリーであるTOP50においてさえ、キャスティングレベルで順位や勝負が決することがあります。たとえば増水時のシャローカバーが生きている状況。その奥深くに入り込んでしまったバスを釣るには、そこへルアーを送り込めることが大前提となります。裏を返せば、それができなければ釣れるはずもないのですが、濃いカバーに入っているバスというのは、

基本的には「より遠くから、ねらったところへより正確に、より静かにルアーをキャストする」のが目標。乱暴な言い方をすると、コレさえできればエリアの選び方を知らなくてもバスは釣れる。そうして経験を積めば一気に上達する

すでに説明したとおり、状態としては容易《たやす》くルアーに口を使ってくれます。ゆえに、キャストが得意なシャローマンにしてみれば、これほど御しやすい状況はないでしょう。

　このように、濃いカバーの奥をねらう場合は、近距離からのプレゼンテーションのほうが、フッキング等の成功率も含めて取りこぼしは少なくなります。しかし、カバーが薄くなるほど（オープンウォーターに近くなるほど）、バスのいるレンジが浅いときほど、水の透明度が高いときほど、スポットからのディスタンスと精度を両立できるアングラーが有利になります。接近して自分のプレッシャーでスポットを潰すか、遠距離からロープレッシャーのバスを相手にするか、ということです。

　広大なフィールドからバスがいるスポットを絞り込む能力も当然重要です。しかし、仮

にキャスティングだけを極めたアングラーがいたとしたら、その人もかなり釣るでしょう。そして、いるバスを確実に釣りながら学習して、あっという間に全体のレベルが向上するのは間違いありません。高度なキャスティングスキルというのは、それほどの武器なのです。

キャスト精度を磨くには、まずは近距離で確実にねらったスポットを撃てるようになること。それから徐々にスポットとの距離を離していきます（オーバーヘッドを始めとするひと通りの型をこなせるとして）。

練習は、近距離のフリッピング、ピッチングから始めて、中・遠距離のサイドハンドへ移行します。この際、いくらルアーがスポットに入っても、着水音が大きくては釣れるキャストとは言えません。着水音の大小もキャスト精度のうちです。

こうした「実戦的なキャスト精度」を磨くためには、陸上での練習はまったくと言っていいほど意味を成さないのでご注意ください。あくまでもフィールドで魚を相手にしてやる練習だけが身になります。

キャスティングは釣りの基本中の基本！です。今までルアーを入れるのを諦めていたスポットや、1投で決められなかった場所にスパッとルアーを送り込んでキャッチしたとき、バスという魚が実は簡単に釣れることがわかるはずです。

普段とは異なるフィールドへ行くと手も足も出なくなるアングラーの打開策

普段はマッディーウォーターの湖で釣りをしていて、クリアウォーターのフィールドに行くと何をやっていいのかわからない。遠浅なフィールドに慣れていてドン深なフィールドでは手も足も出ない。などなど、普段通い慣れているフィールド以外の場所に行くと、何をしていいのかわからないといったアングラーは多いことでしょう。

しかし、フィールドが変わってもバスはバスであり、基本的な考え方は変わりません。根本を考え直すのではなく、普段のフィールドと同じ感覚で攻めていけばきっと結果は出るでしょう。逆に変な考え方をしてしまって、バスから遠ざかってしまう傾向のアングラーが多いと思います。場所の選択やシーズナルパターンは共通です。そこから時期にあったスポットを選択し、釣り込んでいけばいいのです。

ただし、すべて同じ考えというのは通用しません。変えなければならないのは、ズバリタックルです。多くのロッド、リール、ライン、ルアーが販売されているのはフィールドによって用途の違いがあるためです。

たとえば琵琶湖では物凄く釣れるソフトベイトも、ほかの湖ではまったく通用しなかったり、霞水系では効果的だが富士五胡では使う機会さえないといったことは当たり前に起こります。フィールドの環境の違いでバスが反応するルアーも変わってきます。そのため、普段はマッディーウォーターでラインの太さを気にしていなかったアングラーは、クリアウォーターではラインポンド数を落としたり、派手目なカラーチョイスをナチュラル系に変えたり、甲殻類系のセレクトから魚類系のベイトを基準としたセレクトに変えるなどの工夫が必要になってきますし、この逆もまた然りです。リザーバーのようなドン深なフィールドからシャローレイクへ行った場合は、普段のシンカーの重さよりウエイトを軽めに設定する。カバーが多ければロッドのパワーを上げて太めのラインに交換する。といった具合にフィールドの特徴に合わせたタックルセレクトをすれば、通い慣れていないフィールドでも、しっかりとした対応ができるようになるでしょう。スポットの選び方や季節の動きの考えはそれほど気にする内容ではなく、何よりフィールドに対してのしっかりとしたタックルセレクトが、そのフィールドを攻略していくキーポイントなのです。

私も実際にホームの富士五湖から他の湖に遠征する際は、タックルをイチから組み直し、フィールドの特徴に対応していける物をセレクトしています。

週1アングラーは粘るべきか？動くべきか？

多くのアングラーの方は週1、2回の貴重な休みを釣行に充てていると思います。何日も連続で釣行を繰り返していればフィールドの状況をより詳しく知っていくことができますが、週1回の単発釣行では情報も少なく、相当通い込んでいるフィールドでない限り、その日のベストスポットを探し当てることは難しいでしょう。

では、単発釣行のアングラーは1ヵ所で粘るべきなのか？　それとも動くべきなのか？

これは非常に難しい選択なのですが、1日の釣行で探れる範囲は非常に限られます。そのなかで闇雲にラン&ガンを繰り返し、ベストスポットに辿り着くのは不可能でしょう。

それならば、ある一定のエリア（シーズナルパターン等から確信が持てるエリア）に絞って、そこを釣り込んでいくことをお薦めします。そのエリアの中から1番バスがいると思われるスポットを考え、そのスポットに朝や夕方のベストタイミングを注ぎ込む。広大な湖からハニースポットを探すことは気の遠くなる作業ですが、自分ができる時間内で出来る範囲を決めて、その中でのベストを探すのは1日でも出来ることであり、その蓄積でフィールドに対しての理解力も増えていくでしょう。

「各エリアにいる違う状態のバス」を、それぞれのパターンできっちり釣る。こうしたラン&ガンスタイルを身につけるためには、最初から闇雲に走り回ってはいけない。地形その他の要素が凝縮された日本のフィールドには、各エリアに必ずと言っていいほどバスはいる。絞った範囲での試行錯誤を蓄積すれば、質の高い経験値を得ることができるのだ

アメリカの広大なフィールドではバスのいるいないが露骨に出てしまいますが、日本のフィールドであれば各エリアごとにバスはきっちり存在していますので、その中でのベストがあるはずです。闇雲なラン&ガンではなく、きっちりと釣り込んでいき理解力を深めたうえでのベストスポットを探し当てる作業が、週1アングラーの理想的な展開だと私は考えます。

上手い人との出会い・ガイドの利用の仕方・釣り雑誌や番組の利用方法

バスフィッシングの情報として雑誌や釣り番組など、さまざまな情報がいろいろなところから発信されていますが、そういった情報を元に釣行に出掛けてもなかなか釣果へ結びつかないことは多いでしょう。では、釣り雑誌や釣り番組の情報はどのように生かしていったらいいのでしょうか。

バスフィッシングは自然が相手なだけにサッカーや野球などのスポーツとは違い、あくまでもその日その場所といった瞬間的な情報にこそ価値があり、過去の情報をそのまま使おうとしても釣れることはそうそうありません。それはあくまでもその情報が作られた瞬間に有効な釣りであって、それがいつでも有効などということはありません。情報のなかでは釣果にどうしても注目してしまうでしょうが、雑誌や釣り番組の観方としては、釣果ではなくシチュエーションに対してのルアーのセレクトの仕方であったり、スポットに対しての攻め方といった「魚を釣るまでの過程」をジックリ見て「参考」にするといいでしょう。釣れたという事実に注目するのではなく、釣れるまでの過程が重要なのです。その過程で生かせるところを自分のフィールドにぶつけていけば、釣りの幅やフィールドの見方に変化が起きます。

ルアーひとつをとってもそうです。昨今のメーカーのPR作戦にただ乗るのではなく、釣れる釣れないは二の次でそのルアーの性能をしっかり見抜く目を養うことで、フィールドに対応したセレクトが可能になります。単純に、出演者が釣っているシーンを眺めるのではなく、ルアーを投げているシチュエーションやスポット選択といった点に注目しましょう。釣れているシーンの連続は、ただの宣伝の場合もあります。情報を得る段階で本質を見抜きましょう。

メディアの情報だけでなく、バスフィッシングの上達の近道として、1番は自分より経験値の高い、上手い人と釣りをすることです。自分ひとりで得られる情報は非常に微々たるもので、これは経験値の高いアングラーと知り合い、教えてもらうことでグンと上達します。それ以外にも現在はバスフィッシングガイドが各フィールドで営業しています。単純に釣果を求めるのではなく、上達の手段としてガイドを利用するのもお薦めです。教えてくれる人がプロレベルであれば、上達のスピードはたった1日であっても単独釣行数年分に匹敵したりもします。今まで気付けなかったあんなことやこんなことをどんどん吸収できるでしょう。ひとりで黙々と釣りをするのも悪くありませんが、上達するためだけではなく、同じ趣味をもつ仲間を作るのも貴重なことだと思います。

私にとって1番勉強になる場はトーナメントだ。たとえば私がいるゲーリーファミリーは、大将の河辺裕和さんを筆頭に、川口直人さん、小森嗣彦さんといった先輩や、江口俊介君、市村直之君といった同世代の選手までとにかく強い！　試合前の情報交換が勉強になるという意味ではなく、同条件で釣りをして導き出されるパターンの違いが最高の復習になる。皆さんも質の高い情報に触れ、いい先輩や仲間がいる場に身を置いてみてほしい

コレだという最終手段に頼らない

自然と生き物を相手にするため、100％の正答がない（あってもアングラーがそうだと確信しきれない）のが釣りです。それを補うのが「イメージ」なのですが、だからこそ「釣った」という事実（一時の解答）は強烈に脳に刻み込まれます。

よく言えばそれは経験値なのですが、あまりの印象の強さがその後に悪影響を及ぼすことも少なくありません。プロレベルのアングラーでさえ、トーナメントのプラクティス（練習）で爆釣してしまうと、本番時にそのパターンが終わっていて、理性ではそれに気づいているにもかかわらず、思い出の場所やルアーから逃れられなくなることがあるほどです。

とくに、スポットに対する自信はフィールドが変わればリセットされますが、ルアーに対する信頼度（依存度）は蓄積する一方になりやすいものです。気づけば2、3種類のルアーを頼りに、釣れないときほど理由もなくそれらを投げているのではないでしょうか。

使用時間の長さと、扱い慣れている（釣れるアクションを把握している）ことから、お助けルアーが1尾を連れてきてくれることはあるでしょう。けれど、そんなセレクトをし

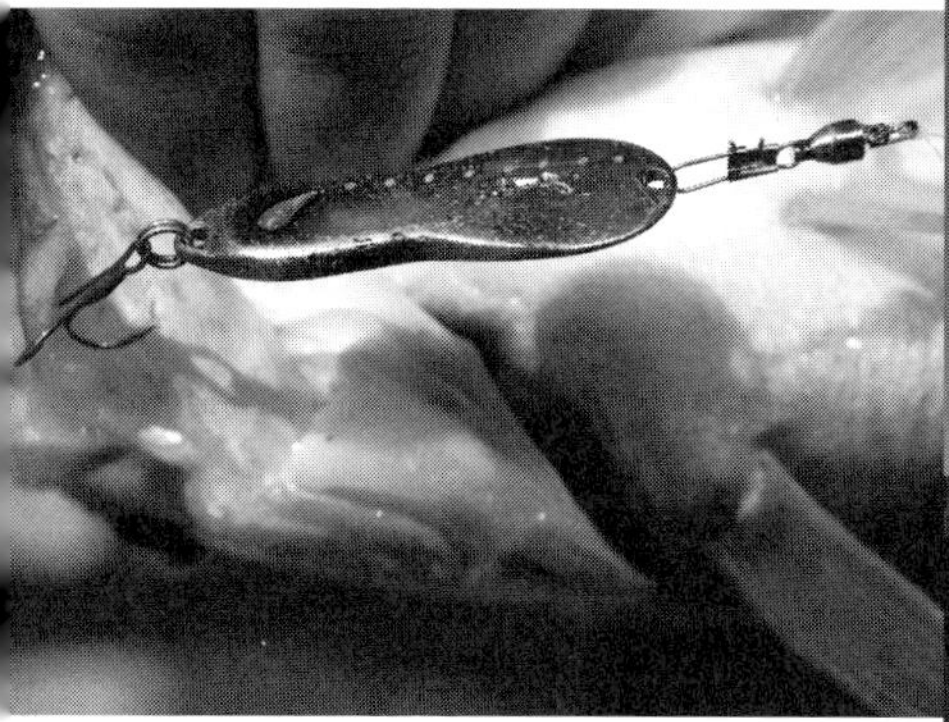

一例を挙げると「冬と言えばメタルジグ」。しかし、よく耳にする「リアクションバイトさせる」という先入観に囚われてビシバシとシャクり続け、今まで１尾も釣ったことがない、なんてことは？　そんな落とし穴にハマっている方は、「どういう状態のバスにリアクションバイトさせたいのか」＝「低活性で横移動がほぼできない状態」、「ならばどう操作するか」＝「バスがいると思うスポットから極力横移動させずに細かくリフト＆フォール」という思考を段階的に踏んでいるだろうか？　情報を鵜呑みにしたり、表面的に捉えたりせず、的確かつ柔軟に発想しよう

ていては上達は望めませんし、実は存在していたはずの爆釣パターンをみすみす逃すことを繰り返すだけです。

　この落とし穴にハマりやすいのが、実は中級者の方です。発想が自由な初級者といっしょに釣りをして、思わぬパターンで釣り負けたことがあったとしたら、それをビギナーズラックで済ませてしまうのはどうかと思います。釣りの意外性は、たいてい必然性と表裏一体だからです。まずはとにかく基本に忠実に「適材適所」のセレクトを実行すること。また、新しいものへの興味を失わず、幅広いルアーに活躍のチャンスを与えることも肝心です。どんなにベテランになっても、柔軟な発想を持ち続けたいものですね。

水面とボトム以外はすべて中層。広い中層の釣り方

中層といっても水深次第では広い範囲がそれに当たります。この漠然とした中層という言葉は落とし穴的要素を持っており、そのエリアの水深の完全な真ん中、たとえば10mであれば5mなのか。ボトムを若干きった程度なのか。それとも表層付近なのか。といった具合にかなり広いレンジを差します。

バスが何もない中層を泳いでいるのには理由が存在します。ベイトフィッシュとのリンクや、水温が変わるサーモクラインといった。中層は言葉自体が曖昧ですから、そのレンジをきっちりと理解することが重要です。

中層攻略をとくに求められる夏の高水温時、バスは低い水温で安定するディープレンジに落ちますが、ボトム付近ではなく、サーモクライン付近に身を寄せている場合が多くあります。このレンジに関しては、魚探で判断するしかありません。魚探の感度を上げていくとラインが表われてくるレンジがあり、それがサーモクラインです。

レンジを確認したら、次にベイトフィッシュの画像などを参考にして、サーモクラインのどの辺りにバスがいるのかを推測していきます。ここまで至ってしまえば、そのレンジ

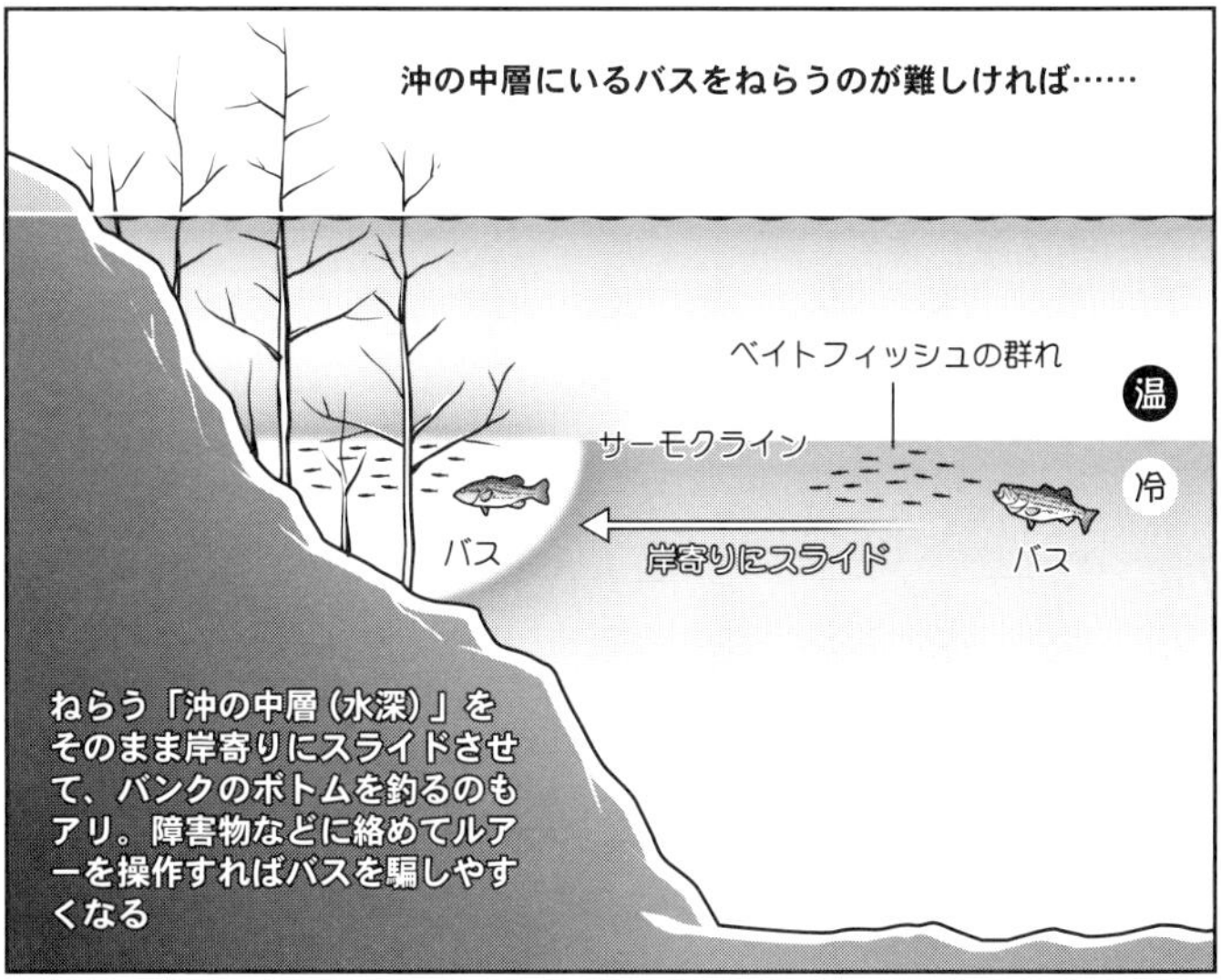
沖の中層にいるバスをねらうのが難しければ……
ベイトフィッシュの群れ
温
サーモクライン
冷
バス
岸寄りにスライド
バス
ねらう「沖の中層（水深）」をそのまま岸寄りにスライドさせて、バンクのボトムを釣るのもアリ。障害物などに絡めてルアーを操作すればバスを騙しやすくなる

を基準に、実際に釣りをするポジションをバンクに寄せ、よりバスがつきそうな地形変化や障害物を探ったほうが釣果に結びつきます。つまり、中層攻略のひとつのバリエーションとしては、ボトムフィッシングも存在するのです。

バスは、完全に何もない中層では、自分の身を隠すことができず、ベイトフィッシュをどこかに追い込んで捕食することもできません（ベイトフィッシュの数が多ければ捕食もしやすいのですが、それはかなり特殊な状況）。つまり、中層に浮いているバスも、基本的に捕食の際はベイトフィッシュを何かに追い詰めるために、地形変化やバンクなどにコンタクトします。「中層」という曖昧な言葉に惑わされず、それが「具体的にどの水深を差すのか」を見極めることが肝心です。

プレゼンテーションの重要性。1本の杭をどう釣るか

たった1本の杭に対しても、さまざまなプレゼンテーションが存在します。そして、その違いが釣果を分けるという事実があります。あらゆることについて「第一印象が大事」と言われますが、それはバスとルアーの関係についても当てはまります。間違ったプレゼンテーションをしたあとでアクションを工夫するよりも、ねらったスポットにルアーを入れた時点で反応させてしまったほうが手っ取り早く、しかも確実な釣果に繋がるのです。

一例としての「杭」に話を戻します。陽が高い時間帯ならば、バスがシェード側についていることは誰にでもわかるでしょう。しかし、そんな場合であっても、バスがいるシェードをルアーで直撃するのか、はたまた日なたの部分にルアーを入れ、バスのほうからルアーに寄って来させたほうがいいのか。このふた通りについてさらに言及すれば、杭から離れたところにルアーを着水させて徐々に杭へ寄せたほうがいいのか、杭の直近にフリーフォールさせたほうがいいのか。バスの反応を速やかに引き出すには、こうしたことが非常に重要なのです。

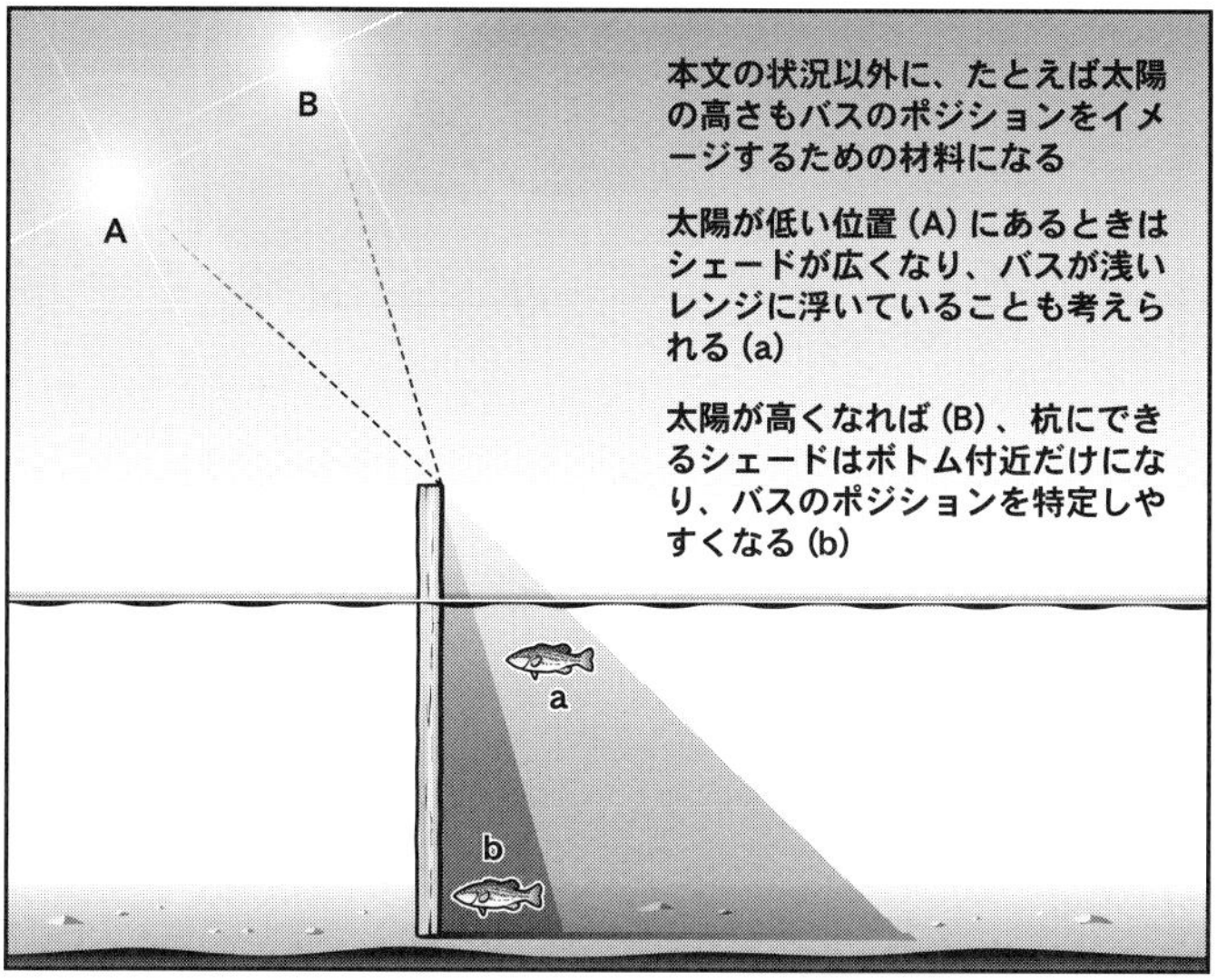
本文の状況以外に、たとえば太陽の高さもバスのポジションをイメージするための材料になる
太陽が低い位置（A）にあるときはシェードが広くなり、バスが浅いレンジに浮いていることも考えられる（a）
太陽が高くなれば（B）、杭にできるシェードはボトム付近だけになり、バスのポジションを特定しやすくなる（b）
A
B
a
b

こうしたプレゼンテーションのなかから正解を決めるのは、フィールドとバスの状態にほかなりません。季節はいつか。天候はどうか。水の透明度は高いのか低いのか。イメージするのは、杭にぴったりついているバスか、それとも杭を中心にやや離れたところにいるバスか。杭に寄り添っているとしたら、表層や中層にサスペンドしているのか。それとも、ボトムべったりにいるのか。こうしたイメージをより具体的にすることで、重要な1投をどう入れるかが決定されるのです。

「1本の杭」に情報を追加してみます。季節は真夏。気象条件は晴天無風。フィールドはマッディーウォーター。水の透明度が低い場合、バスは障害物に対してタイトにつく傾向があります。そして、季節や気象条件から、バスは杭のシェード側にぴったりと寄り添ってサスペンドしていると想像できます。

このケースでは、浮いているバスに対してスローフォールでじっくり見せて食わせることができるルアーが有効でしょう。私なら、４inクラスのストレートワームをワッキー掛けしたノーシンカーリグを、杭に絡めるように落としていきます。バスのポジションが杭にタイトなので、重いラバージグなどでこれをやると、バスを驚かせてしまいます。

以上はあくまでも追加した条件下でのことです。水質がクリアで、陽射しがキツくもなければ、バスは杭を中心にしつつもやや離れたポジションをとっていることが考えられます。重要なのは「考える」ことです。単発のストラクチャーなど、バスのポジションを想像しやすいシチュエーションで頭を慣らしていけば、やがてどんなに広いエリアや複雑なスポットでも、この状況ならバスはここ、有効なルアーはこれ、というふうに即断できるようになるはずです。

これは一朝一夕でマスターできることではありません（魚のポジションを的確にイメージすることは釣りの究極のひとつだから）。だからとりあえずは、釣れた1尾から想像を膨らませるのも大アリです。マグレでも何でも、釣れた1尾がいた場所の要素を考え、似たシチュエーションを探して行く。目をつけた要素がハズレなら連続ヒットには繋がらず、正解を引けば当日のパターンに一歩近づきます。そうして手にした2尾目は、きっと大きな満足感をもたらしてくれるでしょう。

「ショートバイト」と言い訳をしないために

　バイトを得たのにキャッチに繋がらない。これは、誰もが幾度となく経験していることだと思います。そんななかで、アワセのすっぽ抜けや、合わせる間もなくバスにルアーを放されてしまい、「ショートバイトだったから仕方がない……」と、自分を納得させたこともあるのではないでしょうか。

　けれど、多くの場合において「仕方がなくはない」のです。標高が８００mを超える河口湖の真冬にさえ対応策は明確に存在するのですから、「ショートバイト」というのはほとんど言い訳だと私は考えます。

　ショートバイトをキャッチに繋がるバイトに変えるために、まずすべきことは「タックルバランスの適正化」です。ほとんどのケースにおいて、これさえできていれば、キャッチ率は格段に向上するものです。

　たとえばフック。魚に接する唯一無二のこのタックルの選択次第で、ショートバイトは簡単に激減させることができます。

　掛かりの良し悪しを決定づける重要なことがあります。それはハリ先の向き。これは大きく分けて3つのタイプがあります。フックポイントが開いている（外を向いている）タイプ、ポイントがネムっている（内を向いている）タイプ、そしてこのふたつの中間的なタイプです。

ひとつ目のハリ先が開いているフックは掛かりのよさが特徴で、この項のテーマであるショートバイト対策となるタイプです。ただし、刺さりがよすぎるため、カバー内では致命的な根掛かりが頻発してしまい、非常にストレスが多くなります。

ふたつ目のポイントが内を向いている、いわゆるネムリバリは、スナッグレス性能の高さが魅力ですが、その分フッキングも決まりにくいのが難点。パワーを充分に伝えられる近距離で使用するなら問題ありませんが、遠距離となるとまったく掛かってくれないこともあります。「ショートバイト」が口癖になっている人の多くが、いつでもどこでもこの手のフックを使ってしまっています。こう書くと、ネムリバリはまったくダメだと思うかもしれません。が、それは誤解です。ネムリバリは、掛けてしまえばバレにくいという特徴も備えており、近距離で障害物周りを釣る場合においては、メリットのほうが多くなるのです。

3つ目の中間的なタイプについては割愛しますが、メリット、デメリットともに上記した2タイプの中間と考えていただいてかまいません。

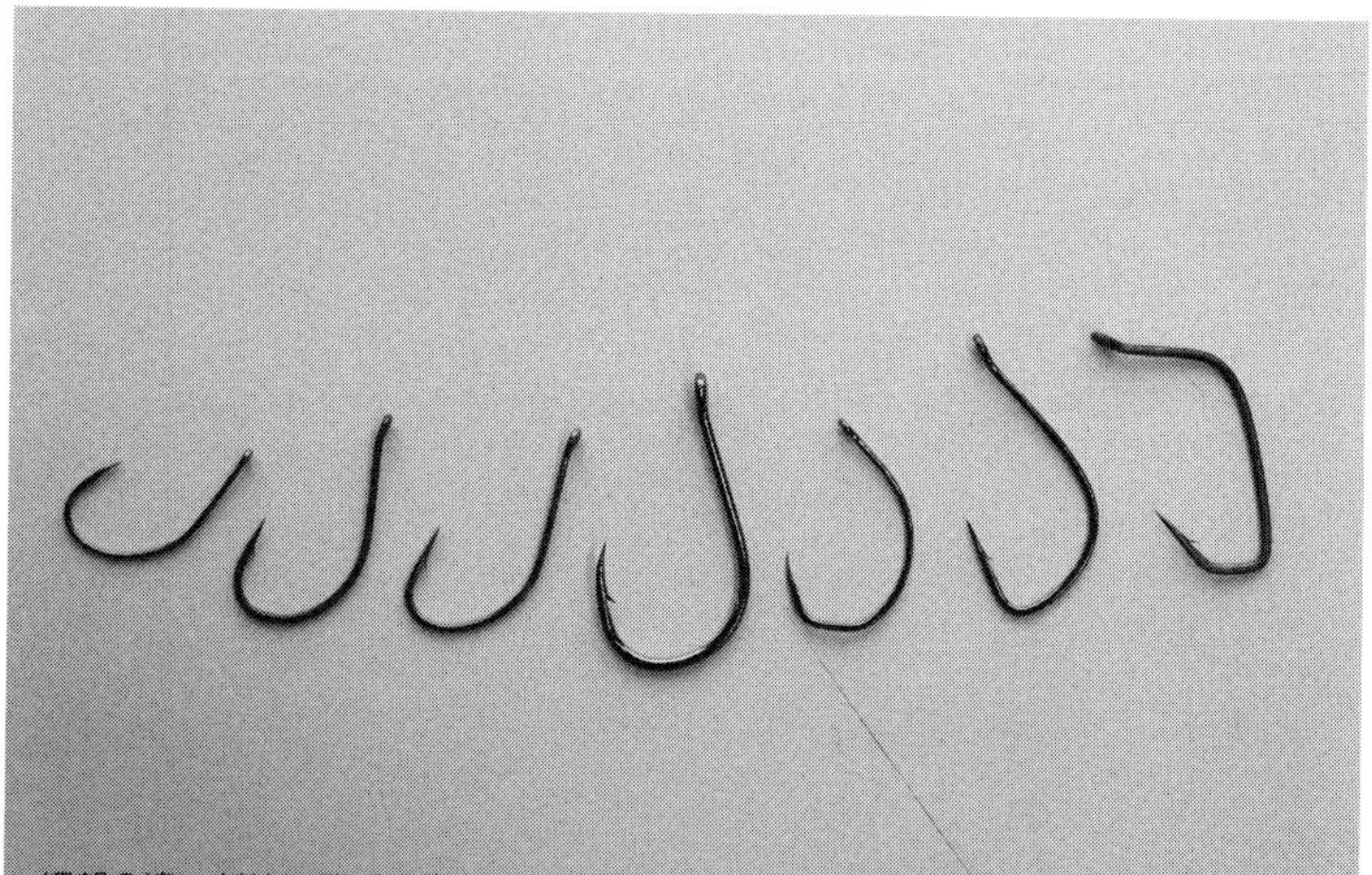

細部の違いが使い勝手や掛かりに影響する通称マスバリ。ハリ先のネムり具合を見るのがポイント。最新形のひとつ、スピンマッスル（フィナ／右端）はアユの友釣りの掛けバリを参考に設計されている

　ここまで書けばおわかりのとおり、1番やってはいけないのは「ねらうスポットとの距離をとってネムリバリタイプを使用する」こと。これをやってしまうと、どんなに深いバイトもショートバイトに化けてしまいます。逆に、ハリ先が開いたタイプで近距離のスポットを釣っていてバラシが連発！「食いが浅いからバレるんだ」と言いたくなったら、ネムリバリにチェンジすることで解消できるはずです。

　タックルバランスの適正化によって劇的にショートバイトを減少させるには、フックだけでなくロッドのセレクトも重要です。

　ロッドは曲がることで仕事をするタッ

クルなのですが、フッキングの際にはこの曲がりがパワーを吸収してしまいます。とくに軟らかいロッドを使用する場合、ストロークだけで掛けようとしても、ロッドが曲がるだけでフックポイントにはまるで力が伝わっていないものです。そうならないためには、ストロークと連動してラインを巻き、ロッドをあおる力・プラス・ラインを引っ張る力でフックアップさせることが必要になります。

逆に、ファストムービングへのリアクションバイトの場合は、ロッドにパワーがありすぎるとバイトを弾いてしまうことが多くなり、これもタックルバランスを欠くことで起こるショートバイトと言えます。

そして、ライン。しなやかなロッドで操るライトリグに、伸びやすいナイロンラインを組み合わせてしまっては、バラすためにキャストしているようなもの。伸びがほとんどないPEラインでファストムービングを扱うなら、ロッドは低弾性カーボンでさえ硬すぎるため、選択肢は自ずとグラスロッドに限られてきます。

ここに挙げたのはほんの数例ですが、ひとつタックルセッティングを間違えるだけでフッキングミスやバラシは増えてしまうもの。それらは、バスがショートバイトしたから起こるのではなく、道具立てを誤ったアングラーの責任で起こるべくして起こることなのです。

伍ノ扉

まだある！明日へのヒント

ライン径は釣果に影響するのか

ヘビーカバーを4Lbラインで探ったらブレイクするから釣れない、といったロケーション無視のセレクトが釣れないのは当たり前。ここでは書くことも、それは大前提として読んでください。

小さい径から大きい径まで、現在、ショップにはさまざまな強度のラインが並んでいます。なかには、ひと昔前には存在しなかった3Lbと4Lbの間の3・5Lbや、7Lb、9Lbといったように細分化が進んでいます。

これだけ多くの強度が設定されているのには、もちろん理由があります。フィールドによって、ロケーションによって、ルアーによって……、扱いやすく、釣れる強度のラインを使いたいというアングラーが増えてきているのです。

そんなラインについて耳にしたことがあると思うのですが、「ラインを細くしたらバイトしてきた」「プレッシャーの高い湖ではラインを細くしたほうが食いがいい」といったことは事実なのでしょうか。

答えから書いてしまえば、それは紛れもない事実です。その理由として1番大きいのが、

クリアウォーターでは一目瞭然。バスは細いラインもかわして泳ぐ。
ブルーギルがラインをついばむことからも見えているのは間違いない

エサとルアーの根本的な違い。生物である各種ベイトフィッシュは当然、自発的に動いていますが、ルアーは基本的に結ばれたラインが引っ張られることで動きます。もし、ラインもフックも付いていないルアーが自発的に動いていたら、釣れはしませんが、バスは疑うことなくバイトしてくるでしょう。

つまり、ラインやフックの存在はアクションをルアーに伝えていることも込みで、バスにとっては違和感の塊なのです。エサ釣りでさえ、撒きエサはパクパク食べるのに、イトとハリ付きの食わせエサは見向きもされないといったことが起こるほど。では、ニセモノ＋違和感で魚を騙さなければならないルアーフィッシングではどうすればいいのか。そのための対策のひとつが、ライン径を下げるということなのです。

その効果とは、違和感の軽減。単純に細い物のほうが見えにくくなります。また、ルアーに干渉してアングラーが意図しない動きをしてしまうことも減ります。

魚がラインを認識しているか。また、魚がラインを危険な物として認識しているか。このふたつが気になるところでしょう。まず、魚にはラインがハッキリ見えています。ブルーギルがラインにバイトしてくるのがいい例でしょう。また、サイトフィッシングをしているとわかるのですが、バスが泳ぐルート上にラインがカブってしまった場合、まったく張っていない状態であっても、バスはラインをしっかりかわして泳ぎ去ります。

それ以外にも細くなることで水の抵抗も少なくなるのも大きな利点です。逆に太ければ太いほど、魚には警戒される可能性が高くなるということです。だが魚釣りでは大きな魚が掛かってしまうと細いラインでは切られてしまいます。しかし太くすると食わせることができない。といった相反する部分が存在し、これを極限の状態まで調節してやることが、釣果へ繋がってきます。だからこそ各ラインメーカーは、非常に細かいライン設定をしているのです。食わせられ切られないギリギリのセッティングが重要。プレッシャーの高い湖や透明度の高いジンクリアな湖では、ラインセレクト次第で食わせられる魚の数も変わってきます。

確実なフッキングとファイト

せっかくバイトまで持ち込んでもバラしてしまっては何にもなりません。とくに大ものや真冬の貴重な1尾を逃してしまったときの悔しさは言葉では表わせません。バイトした魚を確実にフックアップし、ランディングに持ち込むためのコツをここではお伝えします。

まずはバイトしてから初めに行なう作業であるフッキングの方法について。これは、単純にロッドをあおればいいだけではありません。重要なのはフッキングする力にあります。ロッドのパワーを生かし、バーブの下までフックを貫通させていく。これが単純なようで百発百中にする難易度は気が遠くなるほど高いのです。

魚が引いたのに応じてフッキングしているケースが多いかと思います。けれど、前項でも書きましたが、ロッドの曲がりに吸収されてパワーの伝達は悪く、思っているような力は掛かっていないのが現実です。ラインを持って誰かにフッキングと同じ動作を行なってもらい、引っ張られる力を体感してみるとわかりやすいと思います。近距離でも「まるで引っ張られない」と感じるほど、パワーロスしているものなのです。ラインが弛んでいる状態でフッキングを行なったらなおさらロスは大きくなります。

魚をハリ掛かりさせるには、まずラインを弛んでいない状態にすること。そして、ロッドだけのパワーを利用するのではなく、リールを巻く動作も並行して行ない、巻きアワセをミックスする！　見た目に派手なのけ反り系のアワセよりも、こうしたほうが遥かにハリ先に力を伝えることができます。

そしてフックアップしたあとのファイトについて。バラシの原因として多いのが、バスのジャンプによるフックアウトです。このバラシの防ぎ方は、多くの人がジャンプ自体をさせないようにロッドを捌いているのですが、私の場合はその根本から違っています。ジャンプをさせないようにするのではなく、ジャンプした際にラインが弛むのを防ぐのです。ジバスがジャンプしそうになるとロッドを下げ、何とか跳ばせまいとするアングラーが多いのですが、実はこれがもっともバラシに繋がる動作なのです。なぜなら、ロッドティップよりバスが上に行ってしまうので、ラインの振れ幅が広くなり、そのためフックも大きく揺れて（テンションが大きく変化して）外れてしまうのです。

ロッドをいくら水中へ突っ込んでも、ロッドの長さ以上のラインが出ている状態では、ジャンプを抑え込めるかどうかはバスの動き次第です。しかし、いくら高く跳ばれようとも、自分が腕を伸ばした高さ＋ロッドの長さ以上に跳躍されることはあり得ません。ですから、ジャンプはさせておけばいいのです。その際は、ロッドを立てた状態をキープし、

ジャンプでバラしてしまう方は、ジャンプを防ごうとして1番バレやすい状況を作ってしまっている。それは、「ラインテンションを緩める」こと。私の場合、ジャンプされることは怖れずに、跳ばれたときもロッドを曲げ続ける（ラインを張り続ける）ことを強く意識している

手前に引いてやる。つまり、ラインテンションを掛け続けて、ラインの揺れによってフックが暴れることを防ぐのです。これを行なうことで、いくら激しくジャンプされても、余裕でファイトができるでしょう。

同様に、バスの動きにビビッてロッドを上下左右に捌くことはラインを弛ませる原因になります。バイトさせるまでは魚に決定権があるのですから、掛けたあとはアングラーが主導権を握り、確実にキャッチしたいものです。

見えバスにどうルアーをキャストするか

　水がクリアな夏のインレットの最上流域など、バスがはっきりと見える場面は多くの方が遭遇していることでしょう。そんな見えバスに対してルアーを送り込んでもぜんぜん反応してくれず、終始無視されたり、逃げられたり……。「見えバスはキライ」なんて方はいませんでしょうか。

　しかし、このサイトフィッシングもいくつかの注意点を守ることで、見えバスに口を使わせることができるのです。まず、バスを発見した人の多くが、バスに向けてルアーをキャストしてしまいます。が、そうした時点で釣れないことは確定してしまいます。バスの自然な捕食行動として、エサとなる生物が自ら寄ってくるなんてことはあり得ません。ルアーをバスに向けてキャストするというのはそれとまったく同じことで、バスは警戒して逃げてしまいます。

　バスのエサとなる生物は、食われないようにするために障害物などに身を潜めています。この状態のエサを演出することが、サイトフィッシングでは重要なのです。1番簡単なのは、バスを発見したら、そのバスの近くにある1番大きな障害物を探すこと！　岩でも杭

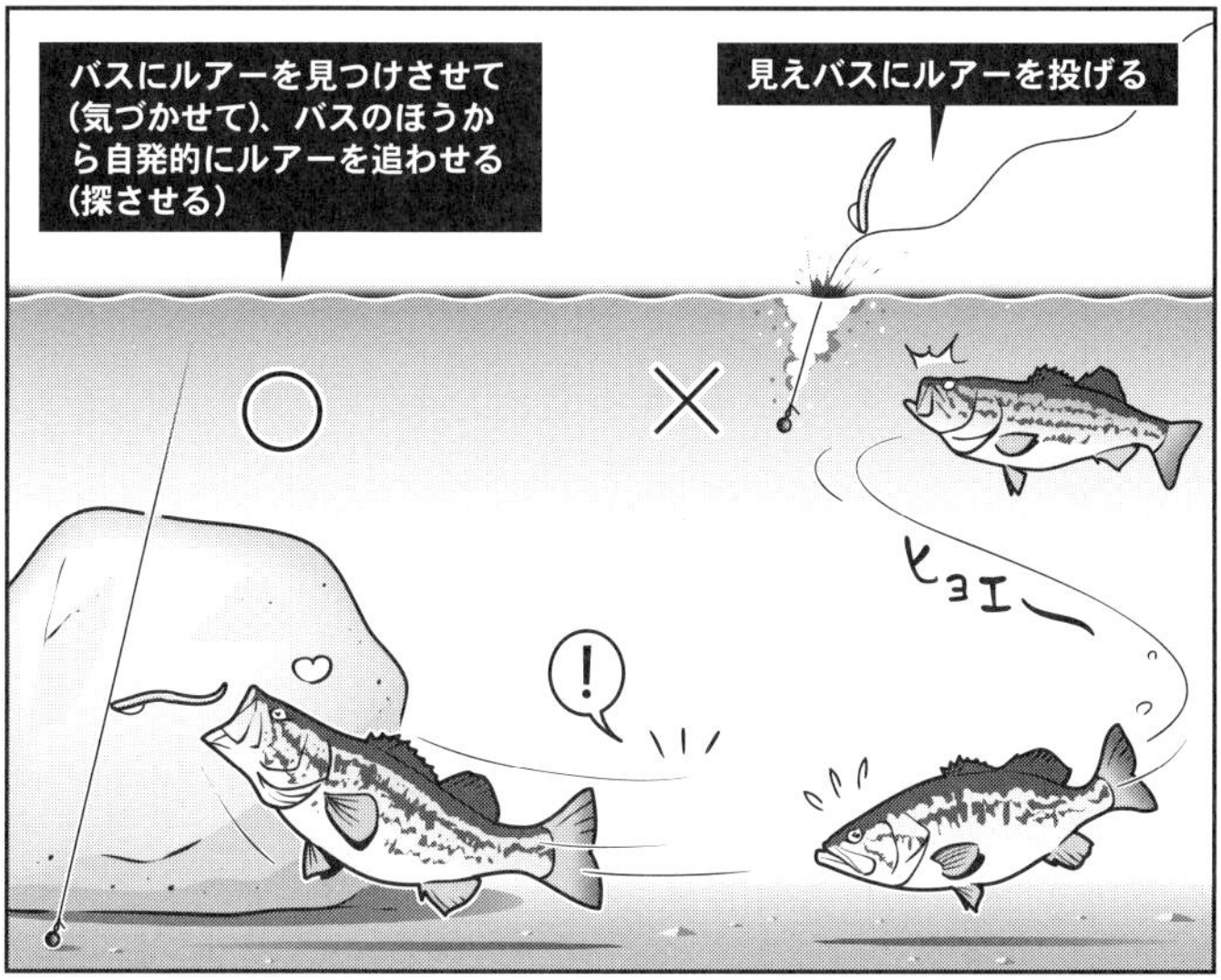
見えバスにルアーを投げる
バスにルアーを見つけさせて（気づかせて）、バスのほうから自発的にルアーを追わせる（探させる）
○
×
ヒョエー
!

でもロープでも何でもいいので、その物にルアーをキャストしてバスから隠すように寄せていく。物陰にルアーが入ったら、そこでシェイクなどのアクションを与え、バスを誘う。それに気づいたバスは自らそのルアーに対して寄って行き、バイトしてくれます。

この「バスがルアーに寄って行く」というのがサイトの基本。その逆は典型的な失敗例なのです。もちろん、そのときバスが捕食しているメインベイトを調べ、それに合わせたルアーセレクトなども重要になってくるのですが、まずはこの基本的なアプローチ方法をマスターすることが最重要です。

さらにその前段階として重要なのがバスを発見すること。ですが、闇雲に魚を発見しようと思うのではなく、こんなところにいそうだ！　といった具合に、バスがいそうな場所を予測して探していきます。この辺りは通常のねらい方もサイトも同じです。予測なしに探そうとすると見つけるのにムダに時間がかかりますし、突然、目の前に現われたり、いた場所に不用意に近づいてバスを逃げさせてしまったりといった結果になります。

サイトの大前提にして理想は、バスがこちらに気づいていない状態で、アングラーが一方的にバスを発見することです。なぜか泳いでいるバスばかり発見してしまう方は、バスに先に気づかれています。魚を発見できる目を養ったり、見えバスがいるであろうスポットの予測を立てられるようになったりするには、相応の経験を必要とします。しかし、泳いでいる（逃げていく）バスからも学ぶことはあります。まずは「このバスはどこから逃げ出したんだ？」、これを考えることから始めてみてください。

バスの付き場を高い精度で予測できるようになれば、わざわざ魚を目視する必要がなくなり、ブラインドで（バスを目視せずに）ねらえばより高確率で釣ることができます。つまり、サイトフィッシングの究極はブラインドフィッシングなのです。こうした考え方に基づけば、多くのバスが見えるフィールドではある程度魚を観察するだけで、その付き場や状態を理解し、ルアーをキャストすることなくブラインドのパターンを組み立てることもできてしまいます。

デカいバスを釣りたいなら……

釣り人の欲求のなかでも最大のものが「デカい魚を釣りたい！」ではないでしょうか。ということは、しかし、コレを達成できずにいる人が多いことの裏返しでもあります。

コツというか、基本姿勢として、デカい魚はねらわなければなかなか釣れません。バスに関しては、大ものねらいのセオリーがいくつか存在します。そのなかでも1番簡単なのが「デカいルアーだけを投げ続ける」というもの。いわゆる「ビッグベイト・イコール・ビッグバス」の法則です。

単純な話、小バスではデカいルアーを食うことができません。そして、デカいバスは大きい身体を維持するためにそれに見合った量のエサを必要とし、さらには大きい身体を動かす際のカロリー消費も激しいため、少ない摂餌行動でより多くのエサを食べようとします。私たち人間だってそう。お腹が減ってどうしようもないときは、近場で量を重視した食事を摂りたくなります。そんな状態のデカい魚と接点になりやすいのがビッグベイトというルアーなのです。

そして、季節。別項でも記していますが、冬から春にかけてが最大のチャンスです。こ

簡単に書くと「冬から春にかけてビッグベイトを投げる」のが大型〜超大型を釣るための方法論。「繊細な操作＋根性（集中力の持続）」が求められるシビアな釣りだが……、私は大好き。たとえば河口湖では、バイトがあれば50cmはほぼ確定。60cmの可能性だって低くないのだ

の時期にデカい個体が釣れやすい理由もやはり単純で、低水温のために小さいバスは動けないからです。冬は間違いなくこれに該当するのですが、「小さい個体が動ける段階まで春が進んだら」このセオリーは通じなくなります。

この時期のなかで、とくにデカいバスのヒット率が高まるのが、「そのフィールドが最低水温をマークしたあと、水温が上がり始めたタイミング」です。ひと桁台前半のこの水温変化に中・小型のバスはほぼ反応できませんが、デカい個体はこれをキッカケとして一気に捕食行動をとり始める傾向があります。

冬から春にかけてビッグバスのヒット率が高まるタイミングはフィールドによりけりですが、私のホームレイクである河口湖であれば例年1月から4月上旬にかけて。ピークは3月下旬から4月

の上旬となります。この時期になると毎週のように大型がキャッチされ、50㎝アップは当たり前であり、60㎝アップがもっとも多くあがっているのもこのときです。

では、この言ってみればノーフィッシュと隣り合わせの時期を外してしまうと、もうビッグバスを手にすることは不可能なのでしょうか。もちろん、そんなことはありません。けれど、確率としてはガクンと下がります。しかし、いわゆるハイシーズン中であっても、大型との遭遇率がアップする条件があります。それは、「アングラーにとって厳しい気象条件のとき」です。

たとえば、豪雨時や台風の接近時など、アングラーが釣りをするのがイヤになるようなときほど、ビッグバスがルアーに反応しやすくなります。もちろん、身の危険を感じるほどの状況下で釣りをすることは厳に慎むべきです。しかし、多少の風雨でもフィールドに出るアングラーは激減しますので、現実的に考えれば（危険を伴わないという意味で）そんなときこそチャンスと言えるでしょう。

大型化したバスというのは、イコール・あらゆる面で優れたバスです。ルアーにはなかなか騙されてくれませんし、そもそも捕食行動をとること自体、絶対確実で安全な瞬間だけのように思います。そんなビッグバスを釣りあげることができたアングラーもまた優れた狩猟者と呼べるのではないでしょうか。

著者プロフィール

青木大介（あおき・だいすけ）

1982年神奈川県秦野市生まれ。
職業＝バスプロ。ワールドチャンピオン、ジャパンスーパーバスクラシック、エリート5など国内のビッグタイトルを軒並み獲得。2014年には自身のルアーメーカー「DSTYLE」を立ち上げ、ワームやスピナーベイトを開発。2015年にはBasserオールスタークラシックで2連覇を果たした。

http://www.aoki-guide.com/
http://dstyle-lure.co.jp/

バス釣《つ》りがある日《ひ》突然《とつぜん》上手《うま》くなる

2011年7月1日初版発行
2016年6月1日第7刷発行

著　者　青木大介
発行者　山根和明
発行所　株式会社つり人社

〒101－8408　東京都千代田区神田神保町1－30－13
TEL 03－3294－0781（営業部）
TEL 03－3294－0766（編集部）
印刷・製本　三松堂印刷株式会社

乱丁、落丁などありましたらお取り替えいたします。

ISBN978-4-86447-004-9 C2075
つり人社ホームページ　http://tsuribito.co.jp